守　望　经　典　学　问　弥　新

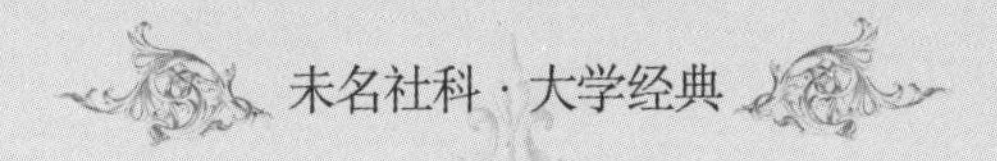

新教伦理与资本主义精神

〔德〕马克斯·韦伯 著
马奇炎 陈婧 译

北京大學出版社
PEKING UNIVERSITY PRESS

图书在版编目(CIP)数据

新教伦理与资本主义精神/(德)韦伯(Weber,M.)著;马奇炎,陈婧译.—北京:北京大学出版社,2012.8

(未名社科·大学经典)

ISBN 978-7-301-21040-6

Ⅰ.①新… Ⅱ.①韦… ②马… ③陈… Ⅲ.①新教—研究—西方国家 Ⅳ.①B976.3

中国版本图书馆CIP数据核字(2012)第172358号

书　　名:新教伦理与资本主义精神
著作责任者:〔德〕马克斯·韦伯 著　马奇炎　陈婧 译
责 任 编 辑:耿协峰
标 准 书 号:ISBN 978-7-301-21040-6
出 版 发 行:北京大学出版社
地　　址:北京市海淀区成府路205号　100871
网　　址:http://www.pup.cn
电 子 邮 箱:编辑部 ss@pup.cn　总编室 zpup@pup.cn
电　　话:邮购部 010-62752015　发行部 010-62750672
编辑部 010-62753121
印 刷 者:北京中科印刷有限公司
经 销 者:新华书店
890毫米×1240毫米　A5　6.25印张　118千字
2012年8月第1版　2025年3月第22次印刷
定　　价:28.00元

马克斯·韦伯
(Max Weber，1864—1920)

经典作家小传

马克斯·韦伯

(Max Weber，1864—1920)

德国著名政治经济学家和社会学家，被公认为是现代社会学和公共行政学最重要的创始人之一。他与卡尔·马克思和埃米尔·涂尔干被后人并称为“现代社会学的三大奠基人”，对西方的学术思想贡献巨大。

韦伯曾经任教于柏林洪堡大学、维也纳大学、慕尼黑大学等大学，曾代表德国前往凡尔赛会议谈判，并且参与了魏玛共和国宪法的起草设计。

韦伯的研究和著述集中在宗教社会学和政治社会学领域，同时他也是一位历史学家和经济学家。韦伯的著作大都是在他死后才被收集、修订并出版的，主要是由他的妻子玛丽安妮·韦伯进行的。美国知名社会学家塔尔科特·帕森斯等人对韦伯著作的解释和传播作出了重大贡献。韦伯的著作主要是：《新教伦理与资本主义精神》、《中国的宗教：儒教与道教》、《印度的宗教》、《古犹太教》、《经济与社会》等。其中《新教伦理与资本主义精神》这本书是他最知名的著作，其所提出和研究的论题影响深远，被誉为“20世纪最富有生命力的著作之一”。

名师点评

《新教伦理与资本主义精神》……作为现代经典的地位已经确定无疑，这对于重要的学术著作来说，当然就是达到了最高境界。

——塔尔科特·帕森斯（Talcott Parsons），美国哈佛大学

《新教伦理与资本主义精神》无疑是最为声名卓著，也最受争议的现代社会科学作品之一。

——安东尼·吉登斯（Anthony Giddens），英国剑桥大学

《新教伦理与资本主义精神》……是韦伯的文字最出类拔萃而内容最平易近人的作品，这就是它之所以能够普及的原因。另一个原因则是在于它有不同层次的重要性。它既能强烈地感染刚入门的社会学专业学生，也能有力地吸引善于洞察最精致的理论和超理论问题的行家里手。

——兰德尔·科林斯（Randall Collins），美国宾夕法尼亚大学

初版于1904－1905年、修订于1920年并于1930年被译成英文的马克斯·韦伯名著《新教伦理与资本主义精神》，乃是20世

纪最富有生命力的著作之一，也是社会科学领域的一部主要经典。

——斯蒂芬·卡尔伯格（Stephen Kalberg），美国波士顿大学

在《新教伦理》中，韦伯论述了新教中加尔文宗的理性化程度和理性化过程，阐明了加尔文宗的伦理观念与资本主义精神之间的一种选择性亲和关系，指出加尔文宗的教义学和神学实践中包含了促进资本主义精神发展的因素，并客观上推动了资本主义以及整个西方文明的发展过程，建立起一套宗教观念与特定的经济伦理、社会结构之间的相关性。

——苏国勋，中国社会科学院社会学所

韦伯在注意到所有宗教的价值的同时，也致力于解释不同宗教所包含的经济伦理与政治伦理，解释不同宗教的理性化程度。韦伯的比较宗教文化研究，重点是分析各个宗教理性化程度的强弱。制度的产生是偶然的，但制度的演变、制度能不能向理性的方向发展和文化有很大关系。韦伯在《新教伦理与资本主义精神》中所论述的新教伦理的核心就是一种理性化的能力。

——李强，北京大学政府管理学院

目　录

作者引言

经典名句

- 理性的工业组织是与固定的市场相协调的，而不是与政治和非理性的投机获利挂钩，不过这一点不是西方资本主义的唯一特点。资本主义企业的现代理性组织还应具备另外两个特征，否则它的发展也无从谈起：第一个特征是生意与家庭的分离，这一点在现代经济生活中占首要地位；第二个特征与第一个特征密切相关，那就是理性的簿记方式。
- 世界文化史的核心问题应该是，这种有节制的资产阶级的资本主义和与之相伴的自由劳动的理性组织形式是如何起源的。
- 现代理性的资本主义需要的不仅仅是生产的技术手段，同时还需要一个可靠的法律体系和依照规章制度办事的行政机关。

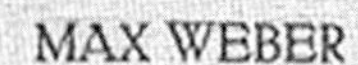

《新教伦理》1930 年德文版封面

一个受现代欧洲文明熏陶成长起来的人，在研究任何与世界历史相关的问题时，常常会扪心自问：到底是哪些环境因素的联合效应，使得西方文明中（并且只有在西方文明中）那些具有普适意义和普适价值观的文化现象存在于一系列的发展进程中？

只有西方的科学真正达到了可以被当代公众认可的发展程度。经验主义的知识、对宇宙和生命问题的看法，以及最为深奥的哲学和神学智慧，都不属于科学的范畴，而具有完整体系的神学的发展则要归功于受到希腊文化影响的基督教，因为伊斯兰教和几个印度教派的神学都不成体系。简而言之，别的地方也已经出现了具有高度精确性的知识和观测，尤其是在印度、中国、巴比伦和埃及。但是，巴比伦及其他地方的天文学缺乏数学基础（虽然这种缺失使得他们的天文学发展更令人惊叹），而数学最早是由希腊人运用到天文学中去的。印度人的几何学也没有任何理性证明，这也是希腊人智慧

西方文明

的又一产物；不仅如此，希腊人还创造了力学和物理学。印度的自然科学虽然在观测方面比较发达，但缺乏实验的研究方法。实验的研究方法尽管发端于古代，但它和现代实验室一样，基本上是文艺复兴时期的产物。因此这些地方（尤其在印度）的医学尽管在经验技术方面高度发达，但缺乏生物学特别是生物化学的基础。同样地，西方以外的其他任何地方的文明中都不存在理性的化学。

中国的历史学虽然高度发达，却没有修昔底德的研究方法。印度虽有马基雅弗利的先驱，但所有印度政治思想中都没有可与亚里士多德的体系性方法相媲美的类似成就，同样也没有各种理性的概念。不论是印度（弥曼差派）的所有预言，还是尤以近东地区为盛的大规模修典活动，或是印度和别国的所有法律书籍，都没有系统严密的思想形式。而这对于罗马法及受其影响的西方法这类理性法学而言是必不可少的。譬如教会法规这种系统结构只存在于西方。

弥曼差派（School of Mimamsa），印度正统婆罗门教的学派之一。其主要目标是建立吠陀（婆罗门教和现代印度教最重要的经典，意思是“启示”、“知识”）的权威，并且强调律法的重要性。

艺术方面的情况也与之类似。其他民族的音乐鉴赏力可能比我们更为敏锐，至少不会比我们弱。各种复调音乐广泛分布在世界各地。多种乐器的合奏以及多声部的合唱在别的地方也已存在。我们所有的理性音程也早已为人所知并计算过。但我们理性而和谐的音乐，不论多声部音乐还是和声，都是将音程要素依照三度谐波的三和弦为基础构成的；我们的半音和等音，不是由空间演绎，而是由自文艺复兴以来的和声演绎；我们以弦乐四重奏

弦乐四重奏（陈逸飞画作）

为核心的管弦乐和管乐合奏的组织；我们的低音伴奏；我们的记谱系统，它使得现代音乐作品的谱写和制作成为可能，因而这些作品也得以留存；我们的奏鸣曲、交响乐、歌剧；以及最终的基本乐器，如风琴、钢琴、小提琴等等这些音乐的表现工具；所有的这些东西只是在西方才有，尽管其他各种音乐传统中也存在标题音乐、诗乐、变调和半音等表现手段。

在建筑方面，尖拱在别的地方早已被用作一种装饰手段，如在古代和在亚洲；尖拱与对角拱形拱顶的结合，东方人大概也是知道的。但是理性地使用哥特式拱顶，利用其分散压力以及笼罩各种空间结构，尤其是将其作为宏伟建筑物的构建原则并扩展成为一种雕刻和绘画风格的基础（如中世纪时期作品的风格），这在别处并没有。我们建筑学的技术基础虽然源自东方，但东方却

哥特式建筑

对圆顶的问题束手无策，并且也缺少那种对所有艺术都具有经典意义的理性化类型（如在绘画中合理利用线条和立体透视），而这正是文艺复兴为我们创造的。中国虽然自古就有印刷术，但是那种专门为印刷出版而设计，并且只能通过印刷才能得以出版的印刷制品，特别是报纸和期刊这类印刷品，则只是在西欧诸国才得以问世。中国和伊斯兰世界有着各种形式的高等教育机构，这其中的一些机构甚至在表面上与我们的大学，至少是学院很是相似。但是理性的、系统化的、专业化的科学以及与之配套的训练有素的专业科研人员只有西方具备，从而使科学在西方文化中占据了统治地位。这尤其体现在训练有素的公职人员身上，他们正是西方现代国家和现代经济生活的顶梁柱。由公职人员所形成的这种对社会秩序至关重要的群体，在此之前仅仅是被提及过而远未被如此重视。诚然，公职人员，进而那些训练有素的公职人员，自古以来一直是各种社会结构中的组成部分。然而除了现代西方，没有哪个国家和哪个时代经历过这种整个国家机器的运转，如政治、技术和经济状况，都完全依赖于经过专业训练的公职人员组织的情况。社会日常生活中那些最重要的功能部门已经完全掌控在受过技术、商业和法律训练的公职人员手中。

在封建地主阶级中，政治集团和社会集团的组织体系是普遍存在的。但是西方意义上的“朕即国家”形式的封建制国家只有在西方文化中存在。尽管从施加政治影响和获取政治权力的角度上来讲，类似于政治党派的组织存在于世界各地，然而由定期选举议员组成的议会，以及由政治煽动家和政党领袖担任部长所组成的对议会负责的政府，则是我们西方独有的。事实上，如果一个国家是拥有理性的成文宪法和遵从理性制定的法律，同时具备由训练有素的公职人员领导的依照规则和法律运转的政府所组成的政治联合体，那么它只存在于西方，尽管其他地方的国家也致力于此。

提出“朕即国家”的法王路易十四

这种情形同样适用于在现代社会中最具决定性力量的资本主义。对获利的欲求、对金钱和利润最大化的追逐，它们本身和资本主义并没有什么关系。这种欲求存在于并且一直存在于服务员、医生、车夫、艺术家、妓女、贪官、士兵、贵族、十字军、赌徒和乞丐等人的心中。可以说世间所有时期、所有国家的所有人，不管他追求的目的是什么，都无一例外地具有这种欲求。因此，在文化史的入门课中就应该告诉人们，一定要彻底抛弃那种认为资本主义本性贪婪的幼稚想法。对利润永无止境的贪婪和资本主义完全不是一回事儿，也有悖于资本主义精神。对于这种非理性的欲求，资本主义甚至完全是一种抑制力量或者至少是一种理性的缓解力量。但是，资本主义旨在通过可持续的、理性的、资本主义的企业运作追求利益并且永久性地再生利益。在一个具有完全资本主义秩序的社会中，任何一个资本主义企业如果不能抓住机会获取利益，那么它注定要破产。

现在让我们给一些术语做些比通常情况下更为精当的表述。我们可以将资本主义的经济行为定义为一种期望依靠形式上的和平交易来获取利益的行为。在形式上和实际上通过暴力获取利益的行为则有它自己的特殊法则，虽然这样做并不划算，然而很少有人能避免此种行为，反倒把它与之前分析的依靠交易获取利益混为一谈。资本主义的获利欲求是有理性的，它要依据资本核算来调整自身的行为。这就意味着，资本主义的行为要与系统化地运用人力和物力来获取利益的途径相协调，在一个商业周期结束时，企业在现金财产上的收支差额，或者对于持续运营的企业来说现金资产的定期估价，要超过原有资本，也就是要超过用于交易的生产资料的估价。无论这种交易行为是将一定数量的商品交付给旅行商人（这其中有可能存在以货易货的情况），抑或是通过一个包含有厂房、机器、现金、原材料以及工业半成品和工业成品的用于抵押的制造企业得以实现，它们在本质上没有太大区别。一个恒久不变的重点在于，要以货币的形式进行资本核算，不论运用的方式是现代的簿记方式还是其他任何原始而落后的方式。总的来说，收支平衡是做任何事的标准：在一项企业计划运转的初期要有起始收支，在制定所有决策之前都要确定是否有利润空间，在这项企业计划完成时还要进行最终的收支结算以确定最终的获利情况。以一宗“柯曼达”交易为例，虽然在交易初期资产还没有以货币进行估值，但初期的收支评估会决定有多少资产将投入到这宗交易中，而在交易结束时会进行最终收支结算，从而作为分配利润和亏损的数据基础。只要所进行的交易行为是理性的，交易双方就会对每一项交易细节进行核算。诚然，绝对精准的核算或者估价是不存在的，这种计算更多的是一种推测或者说是一种传统作风和行事惯例，甚至各种现代资本主义企业对于核算精准度的要求也不是很高。但是这些问题影响的只不过是资本主义获利的理性程度而已。

对资本主义经济行为所下的这个定义，旨在说明经济行为实际上要与货币收入和货币支出的比较相适应，不论这种比较的形式有多原始。从这种意义上来说，资本主义和具有资本主义性质的企业，哪怕是具有相当理性化的资本核算的资本主义和资本主义性质的企业，在有经济史料记载以来，它就早已存在于世界上的各种文明国家之中了。在中国、印度、巴比伦、埃及、古代地中海地区和中世纪欧洲，以及现代西方都有它的身影。但是资本主义和具有资本主义性质的企业绝不仅仅是各自为战的单独事业，它的存在完全要依赖于资本运作的不断延续和经济行为的可持续性。然而很久以来，贸易并不像我们今天这样具有可持续性，而实质上是由各种独立的交易行为所组成的。只是后来大商人们渐渐地通过分支机构将彼此聚拢到了一起。总之，不论是短期还是长期的具有资本主义性质的企业和资本主义性质的企业家，都是自古有之并且广泛分布在世界各地的。

然而，西方却发展出了资本主义，这不仅仅是指它在数量规模方面的庞大，而且还指（随着数量规模的扩大）出现了在其他地方绝无仅有的类型、形式和发展方向。世界各地分布着各种商人，批发商和零售商以及内地商人和国际商人。各种形式的贷款已经开始发放，具备各种职能（至少与我们16世纪的银行相比）的银行已经出现。航海借贷、“柯曼达”、交易行为和类似于两合公司的联合体在世界各地早已有之，甚至形成了可持续性的商业活动。在任何时候，只要存在处理货币金融业务的公共机构，就一直会有放贷人的身影，如在巴比伦、希腊、印度、中国和罗马等地。正是这些放贷人一直源源不断地为战争和海盗，为各种合约和建筑施工提供资金。在对外政策中，他们扮演了殖民企业家的角色，扮演了使用奴隶、直接或间接强迫殖民地居民劳动的种植园主的角色，他们拥有耕种用的土地、办公场所，更重要的是他们还掌握着税收。他们资助政党领袖进行大选，还为雇佣兵进行内战提供资金。最重要的是，他们绞尽脑汁地从事各种积累资本的投机活动。这种企业家是具有资本主义性质的冒险家，他们活跃在世界各地。除去贸易、信贷和银行交易，他们的活动中主要充斥着非理性的和投机的元素，甚至是直接地进行强取豪夺；他们所获得的战利品，不是直接通过战争手段攫取的，就是通过持续地榨取附属国的财政收入而获得的。

从企业创始人、大规模的投机商人和特许权寻觅者的资本主义，到和平年代中更为现代的金融资本主义，不论资本主义的形态如何，它都将主要的关注点放在了侵略战争上，哪怕是现代的西方国家，以及一些（当然仅仅是一些）大型的国际贸易中也都难免贴有侵略战争的标签，时至今日情况依旧如此。

但是，在现代西方国家还另外发展了一种截然不同的资本主义形态，这种形态是西方独有的，那就是对（形式上的）自由劳动进行理性的资本主义组织。这种资本主义的组织形式在其他地方仅仅是被拿出来讨论过而没有成形。即使是那种达到了一定理性程度的限制自由的劳工组织形式也仅仅存在于殖民地的种植园中，以及极小范围内的古代奴隶工场里。而这种组织形式在利用奴隶劳动的封建庄园、手工场和家庭手工业中并没有发展起来。可以肯定的是，存在于西方之外的真正使用自由劳动力的家庭手工业工场，仅仅是几个孤立的个案而已。虽然经常性地使用临时工为制造业组织带来了少数几个这样的案例（这在国家垄断企业中尤甚，尽管它们和现代工业组织非常不同），但是它从未产生出我们中世纪时期那种理性的手工业学徒制组织。

理性的工业组织是与固定的市场相协调的，而不是与政治和非理性的投机获利挂钩，不过这一点不是西方资本主义的唯一特点。资本主义企业的现代理性组织还应具备另外两个特征，否则它的发展也无从谈起：第一个特征是生意与家庭的分离，这一点在现代经济生活中占首要地位；第二个特征与第一个特征密切相关，那就是理性的簿记方式。工作区和生活区在空间上的分离同样存在于世界上的其他地方，如东方的集市和其他文明中的奴隶工场。使用独立账簿的具有资本主义性质的协会在远东地区、近东地区以及古代也都曾经出现过。但是如果将其与商业企业的现代独立性做个比较的话，它们就只能算是发展的萌芽阶段而已。之所以这样说，是因为独立性有一些不可或缺的要件，那就是我们理性的商业簿记，以及在法律上将公司财产与个人财产进行分离。而这些要件在其他地方是完全缺失的，或者说是刚刚起步。在其他地方，那些逐利的企业往往趋向于并入皇室或者封建领主的旗下，正如罗德贝图斯所观察到的，这是一种根本不同甚至是完全相反的发展趋向。

罗德贝图斯（Johann Karl Rodbertus，1805—1875），德国经济学家和社会主义者。

然而西方资本主义的这些特性之所以具有如此重要的意义，那要归因于我们上面做的分析，也就是这些特性与资本主义劳动组织形式所建立的联系。即使是我们通常提到的商业化、可流转证券的发展、投机的理性化和交易等等，也都与这种联系有关。一旦这些特性和发展脱离了这种理性的资本主义劳动组织形式，所有这些即使有可能依然是重要的，但绝不会如今天这般重要，更不会产生那些与它们相联系的现代西方的社会结构及其所有特殊问题。作为所有行为的基础，精确的核算只能建立在自由劳动的基础之上。

正如，或者说正是因为除了在现代西方，世人从未听说过劳动的理性组织形式，所以他们也不清楚什么是理性的社会主义。当然，在这些地方同样也存在着城市经济、城市食品供给政策、封建领主们的重商主义和福利政策、定量供应、经济生活的调整、保护主义以及自由放任理论（比如中国）。世人也知道各式各样的社会主义和共产主义的实践，如家庭的、宗教的或者军事的共产主义，埃及的国家社会主义，垄断卡特尔，还有消费者组织。但是，虽然城市和乡村之间在公民的市场特权、公司、行业协会等等的法律规定上有所不同，但“公民”这一概念在除西方之外的地方绝无仅有，“资产阶级”这一概念也是如此。与之类似的是，无产者作为一个阶级在西方之外的地方也不可能存在，因为那里没有常规化的行为准则用以约束自由劳动的理性组织形式。债权人和债务人之间的斗争，地主和无地者、奴隶或佃农之间的斗争，商业团体和消费者或者地主之间的斗争，这些阶级斗争以各种组合形式在世界各地上演。然而哪怕是西方中世纪的包出制雇主（putters-out）与他们的工人之间的斗争，在其他地方也只是初露端倪而已。发生在大型工业企业和自由劳动者之间的现代斗争则完全与那些地方无缘。因此，除了西方之外的其他地方不可能出现如西方那样的社会主义问题。

由此可见，通过上述的分析，即便是从纯经济学的观点出发，世界文化史的核心问题也并不是资本主义活动的发展，因为这种发展在不同的文化中只是发展形式有所差异而已，如冒险家类型，或是商业、战争和政治中的资本主义，或是作为收益来源的经营行为。世界文化史的核心问题应该是，这种有节制的资产阶级的资本主义和与之相伴的自由劳动的理性组织形式是如何起源的。如果从文化史本身来看，其核心问题就是西方资产阶级的起源及其特点，这一问题与劳动的资本主义组织形式的起源有着密切的关联，但它们又不完全是同一回事情。这是因为资产阶级作为一个阶级，在资本主义独特的现代形态形成之前就已经问世了，虽然这一情况只发生在西半球。

乍一看，今天资本主义独特的现代形态受到了各种技术发展可能性的强烈影响。它的理性特征基本上取决于那些最重要的技术因素的可靠性。但是，这就从根本上决定了资本主义的现代形态依赖于现代科学的特点，特别是基于数学和精确理性试验的自然科学的特点。从另一个方面看，科学的发展和以科学为基础的技术进步，在它们实际的经济运用中又从资本主义利益中得到了重要的刺激。当然，西方科学的起源不能归功于这种利益的刺激。在印度，计算甚至是十进位制的计算和代数早已有之，而且十进位制就是在印度发明的。然而，只有在西方资本主义发展的过程中它才被很好地使用，而在印度它却没有发展成为现代算术和簿记法。与之相

卢卡·帕乔利（Luca Pacioli，1445—1515），现代会计之父，他于1494年发表的《簿记论》是第一本系统阐述借贷复式簿记原理及其适用方法的经典。

同，数学和机械学的起源也不是由资本主义利益所决定的。但是，对社会大众的生活条件至关重要的科学知识的技术应用，则明显是受到了经济利益的驱动，这种经济利益的驱动在西方国家对于科学知识的技术应用起了很大的作用。这种驱动力则是来源于西方社会结构的独特性。因此我们要问，由于在西方的社会结构中，不是所有的结构部分都是同等重要的，那么究竟这种驱动力是来源于其中的哪些结构部分呢？

在这些结构部分中，法律和行政机关的理性结构具有毋庸置疑的重要性。因为现代理性的资本主义需要的不仅仅是生产的技术手段，同时还需要一个可靠的法律体系和依照规章制度办事的行政机关。倘若没有这些结构部分，冒险和投机的商业资本主义、各种形式的政治资本主义都有可能出现，而由个人创办的拥有固定资产和确切预期的理性企业则不可能兴起。这种法律体系和这种行政机关只存在于西方的经济活动中，并保持着一种相对合法和完善的状态。因此我们不禁要问，这种法律是从何而来的呢？在为法学家阶级（特别是经历过理性法律训练的法学家阶级）取得在法律和行政机关中的主导地位而铺设道路的过程中，资本主义利益不可能扮演唯一的或者是最重要的角色，因为这些利益自身并没有创立法律。但是和其他情况相同，资本主义利益无疑在这一法律的形成过程中相应地起到了一定的作用。与此同时，一些截然不同的其他力量在此过程中也发挥了作用。那么为什么资本主义利益在中国和印度不能发挥同样的作用呢？为什么科学发展、艺术发展、政治发展或是经济发展在中国和印度不能同样地走上西方所独有的理性化道路呢?

以上所有的案例都归于一个问题，那就是西方文化独特的理性主义。现在，通过借助这一术语，那些截然不同的事物都可以得到解释，接下来的论述会反复地证明这一点。例如，神秘的冥思（contemplation），从生活的其他侧面来看它是非常不理性的，但是正如有理性化的经济生活、理性化的技术、理性化的科学研究、理性化的军事训练抑或是理性化的法律和行政机关一样，这里同样有理性化的神秘冥思。而且所有这些领域都可以依据完全不同的终极价值和目标进行理性化，所以一个事物在一种观点下是理性的，可能在另外一种观点下就成了非理性的。因此各种不同的理性化存在于生活的各个部分中以及文化的所有领域里。若从文化历史的视角来描述它们的差异性，就一定要清楚到底是生活的哪个部分被理性化了，以及理性化的方向如何。基于此，我们的首要关注点应该是找出并且借助遗传学来解释西方理性主义的独到之处，然后通过它找出并解释现代西方形态的独到之处。基于认识到经济因素所具有的根本性的重要意义，我们在尝试进行这些解释时，都必须首要考虑到各种经济环境。但是与此同时，与之相关的一些关联性不能被忽视掉。因为虽然经济理性主义的发展要部分地依赖于理性的技术和法律，但它又同时受限于采取一些实用理性行为方式的人的能力和性格。当这些理性行为方式受到精神障碍的阻挠时，理性经济行为的发展就同样会遭遇到内部的阻力。那些神秘的和宗教的力量，以及在此之上的关于职责义务的伦理观念，在过去一直对人们如何行事起着重要的影响作用。在本书汇集的研究论述中，我们将会论及这些力量。

某些宗教观念对于一种经济精神或者经济体系的精神特质（ethos）的发展所产生的影响，一般来说是一个最难理解的问题，而本书开头的两篇旧文（这里的“本书”是指韦伯的《宗教社会学论文集》；“两篇旧文”是指《新教伦理与资本主义精神》和《新教教派与资本主义精神》。这个“作者导言”是指韦伯为其《宗教社会学论文集》写的总导言，本书只是其中一篇论文。——译者）则力争从一个要点出发以探究这个问题的一个侧面。这一要点就是论述现代经济生活的精神与禁欲主义新教的理性伦理之间的关系问题。因此我们在这里所探讨的仅仅是因果链条上的一个环节。之后几篇关于各种世界性宗教的经济伦理观的研究论文则致力于纵览那些最重要的几种宗教与经济生活的关系，以及那些宗教所处的环境与社会分层的关系，在必要的范围内把这两组因果关系研究透彻，为的是找到与西方的发展进行比较的要点。因为只有通过这一途径，才有可能尝试着对西方宗教的经济伦理中那些将西方宗教与其他宗教区别开来的因素进行因果评价，从而达到一种尚可接受的近似程度。因此这些研究并不寻求对各种文化进行完整的分析，虽然偶尔也会做些与之相关的尝试。与之相反，在这些研究论文中，我们着重强调了各种文化中那些与西方文明截然不同的因素。因此，从这一视角出发，这些论文的研究对象被明确地限定在那些对于理解西方文化非常重要的问题上。依据我们的研究目标来看，任何其他的研究方法看似都不可能达到我们期待的研究成果。但是为了避免误解，我们必须在这里特别强调我们的研究目的的限定性。

从另一个方面讲，我们至少必须要提醒那些学问尚浅的读者切勿夸大这些研究的重要意义。汉学家、印度学家、闪米特学家或者埃及学家显然都对这些事实一清二楚。我们仅仅寄希望于他们在我们的核心论点中不要找出什么明显的错误来就好。作为一个非专业人士，作者只能尽己所能地靠近这一理想，但是能做到多少就不得而知了。显然，如果一个人在使用和评价各种巨著、文献或者著作时，被迫只能依靠经过翻译的文本，那么他就不得不使自己依赖于一本经常会引起争议的专著，以至于他就很难把握这一著作的真正成就之所在。因此，这样的作者就必须对自己工作的价值保持谦逊的态度。特别是可以使用的真正资源（即碑文和古文书）的翻译文本，特别是有关中国的资料，其数量与存世的重要资料相比还是少之又少的。这些因素就导致了我们的研究肯定具有一种暂时性，特别是那些涉及亚洲的研究更是如此。只有专家才有资格做出最后的评判。而正是因为到目前为止还没有专家从这一视角出发研究过这一论题，我们现在才得以写出这些论述。这些论述注定是要被那些具有更重要意义的论述所取代的，因为一切科学皆是如此。然而在比较研究中，像这种涉足其他专业领域的情况是不可避免的，即使这样做会引来别人的反感。我们必须要承受这样做所带来的后果，那就是我们所做出的研究到底成就如何只能听受别人的严重质疑了。

文学界的时尚和热情可能会使我们认为专家在今天已经是可有可无的了，或者降级到了低于预言家的地位。几乎所有科学的发展都包含有业余爱好者的贡献，而这种贡献常常是一些非常有价值的研究视角。然而如若将浅薄的一知半解当做第一原则的话，就会导致科学走向末路。那些渴望寻求视觉刺激的人可能会选择去电影院，尽管今天的文学著作可以提供更为丰富的内容。这种态度与完全严肃的研究抱负相去甚远。而我也想加上一句，如果谁想去听布道那就应该去参加宗教的秘密集会。关于文中所比较的各种文化的相对价值问题，我们将不予涉及。人类命运的轨迹的确会使一个人在回顾其某一个片段的时候大为惊讶。但是他会很好地把那些微不足道的个人见解藏在心底，就像一个人在面对广阔的大海和雄伟的山峰时一样，除非他意识到他将被赋予责任和才能将自己的见解通过艺术的或是预言的形式表述出来。在其他多数情况下，如果仅凭直觉感知的知识进行高谈阔论，那么除了可以掩饰其对于研究对象缺乏清晰的见解之外，没有其他任何意义；这也可以判定其同样缺乏对于人类本身的理解。

由于人种学的资料从未在这里得到应用，而这种资料所具有的贡献价值其实对于任何真正彻底的研究都是非常需要的，特别是对于亚洲宗教的研究，所以这里我们要做一些适当的解释。这种研究的局限性并不是因为受到了人类研究能力的限制。同样，这种研究的遗漏可以被允许，那是因为我们在这里所讨论的是那些在各自国家中充当文化载体的各个阶层的宗教伦理观念。而我们的关注点则是这些伦理观念的指导意义所带来的影响。毫无疑问，这种影响只有在与人种学和民俗学所掌握的事实进行比较之后，它的所有细节才可以被充分理解。因此我们必须明确地承认和强调，这一缺陷理所应当地会受到人种学家的质疑。我寄希望于通过系统地研究宗教社会学从而对弥补这一缺陷作出一些贡献。然而这种工作会超越我们目前这一具有确定的限定目标的研究范围。因此我们不得不满足于尽可能地表述清楚那些通过比较我们这些西方宗教而得出的结论。

最后，我们谈一下这个问题所涉及的人类学部分。我们一次又一次地发现，即使是在互相独立的地域生活，特定形式的理性化在西方，并且仅仅在西方得到发展，这种情况很自然地会使我们怀疑其重要原因存在于不同的遗传基因中。作者承认自己倾向于认为生物遗传学十分重要。但是纵使人类学的研究取得了非常杰出的成果，而这一研究对我们所做的考察有何影响以及它又是以何种方式进行影响的，到目前为止我还是看不出有什么途径可以准确地或者大概地测定出来。对于社会学和历史学考察而言，其任务之一，首先应该是剖析那些藉由对环境因素的反应就能够得到充分解释的一切影响和因果关系。只有这样，并且当种族精神病学和心理学的发展超越了当今水平，加之其在诸多方面显现出良好前景的时候，我们才可以期望对此问题做一个满意的解答，或者至少是有解答的可能。但与此同时，在我看来到目前为止这种情况并不存在，转而投向遗传学就会因此导致过早地放弃我们现在本来可能获得的认识，同时将这一问题空置于一个我们尚不了解的因素上面。

第一部分 问题

第一章　宗教派别与社会分层

经典名句

- 从属于统治阶级的少数民族群体和宗教少数派群体，出于自愿或者不自愿地被排挤出具有政治影响力的职位，于是就趋向于以一种不寻常的力量投身于经济活动领域。
- 全力以赴的精神、积极进取的精神或者其他可能称之为的精神，这些精神的觉醒都倾向归功于新教教义，而坚决不应该听随一种惯常的趋势，将其与生活享乐相联系，也不要在任何意义上将其与启蒙运动联系在一起。
- 孟德斯鸠在《论法的精神》（*Esprit des lois*）第二十卷第七章中说道，英国人“在世界上所有民族中取得了三项最为长足的进步：那就是虔敬、贸易和自由”。

1517年10月31日，德国神父马丁·路德将《九十五条论纲》张贴在威登堡大学的教堂门口

在任何宗教派别复杂的国家中，你只要稍稍留意一下有关职业的数据统计，就能经常发现一个十分明显的现象，这一现象多次在天主教的出版物和文学作品中、在德国的天主教大会上引起讨论，那就是：大部分商界领袖、资本所有者以及那些现代企业中的高级技工和接受过高级技术和商业培训的职员，基本上都是新教教徒。这一现象不仅出现在那些宗教信仰差异和民族差异相重叠，进而又造成文化发展差异的地方，比如德国东部的德意志人和波兰人；这一现象也体现在资本主义世界里有关宗教信仰的数据中，资本主义在其迅速扩张期间可以根据自身的需要自由改变人口的社会分配，进而决定人口的职业结构。在这其中，资本主义越是能自由行事，这一效应就越发明显。之所以新教教徒相较于其他教徒能够更多地参与到资本所有权、商业管理和工商业企业的高级技术领域，这要部分地归因于深远的历史原因，在当时的历史环境下，宗教信仰并不是影响经济状况的原因，在某种程度上更像是经济状况引发的结果。若想参与到上述那些经济职能中去，通常需要参与者具有一定的原始资本积累，又要接受过高成本的良好教育，这两种背景常常是缺一不可的。在今天看来，具备这两种条件大部分情况下要依靠继承家族的财富，或者至少参与者要具有一定的物质财富才可以。在16世纪的古代帝国中，许多经济最发达、自然资源最丰富和环境最好的地方，特别是大部分富饶的城镇，都转而信仰新教。这种信仰的改换使得新教教徒在争取经济地位的努力中受益匪浅，甚至到了今天这一效应依旧发挥着作用。而这就引发了一个历史性的问题：为什么那些经济最发达的地区在同一时间都支持进行教会革命呢？这个问题的答案一定不会像人们想象中那样简单。

从经济传统主义的束缚中解放出来，无疑会大大增强一种对宗教信仰崇高性的怀疑情绪，正如针对各种传统权威的怀疑那样。然而有一点需要提及却经常被忽视，那就是这种改革不是以消除教会对日常生活的控制为目标，而是要以一种新型的控制形式取代旧有的形式。它意味着抛弃一种非常松散的、在当时没有实效的、几乎流于形式的控制形式，进而推崇一种控制范围渗透到私人生活和公共生活所有领域的一切行为的控制形式，这种控制着实难以承受，然而必须严格遵守。正如天主教教会的教规“惩罚异教，宽恕罪人”，在当时比现代社会实施得更为有效，现如今从属于各种完全现代经济体的人们已经接受了这一规定，然而在15世纪初，这一规定只是由地球上最富有、经济最发达的民族所遵守。与此相反，在17世纪的日内瓦和苏格兰，16世纪和17世纪之交的尼德兰大部分地区，17世纪的新英格兰以及一段时间内的英格兰本土所实施的加尔文宗教规，在如今看来简直是一种对于个人来说绝对无法忍受的教会控制形式。这也正是当时在日内瓦、荷兰和英格兰的众多老商业贵族的想法。反观宗教改革者们，他们却在抱怨教会对于那些经济高速发展的地方进行的生活监督不是太多了，而是太少了。然而，为什么当时那些在经济上最发达的国家和那些国家中冉冉升起的资产阶级不仅没有抵抗这种史无前例的清教主义专制，反倒是捍卫了这一专制，并在这个过程中培育出了一种英雄主义呢？对于资产阶级来说，在这之前和在这之后都没有显示出过英雄主义的特质。正如卡莱尔指出的“那是我们绝无仅有的英雄主义”，这一看法不无道理。

加尔文宗，是以加尔文（神学思想为依据的基督教新教各教会团体的总称，产生于16世纪宗教改革时期。它与信义宗和安立甘宗（Anglicanism，起源于英国国教）并称为新教三大主流宗派。由于加尔文改革了天主教的传统教义，故又称之为归正宗教会（Reformed Church）。

但进一步看来有一点非常重要，正如之前指出的那样，新教教徒在现代经济生活中广泛地参与到所有权和商业管理中，这在今天看来，或许可以理解为(至少是部分地理解为）他们仅仅是受益于其所继承的更多的物质财富。然而这里还有其他现象不能进行这样的解释。于是乎，我们只举几个例子：在巴登、

托马斯·卡莱尔（Thomas Carlyle，1795—1881），苏格兰散文家和历史学家，英国19世纪著名史学家、文坛怪杰。

巴伐利亚和匈牙利，可以发现天主教教徒的家长和新教教徒的家长为他们的子女选择的高等教育类型极不相同。天主教教徒在高等院校的在校生和毕业生中的比例，在总体上要落后于天主教教徒在总人口中的比例，而这可以大部分地归因于他们所继承的财产不同。在天主教教徒的毕业生中间，毕业于专门培养技术研究型和工商业专业人才的学院的人数，以及毕业于培养资产阶级的商务性人才的学院的人数，都远远落后于新教教徒的毕业生在这些学院中的比例。另一方面，天主教教徒更倾向于走进人文主义的殿堂，接受人文主义的训练。这一情况是上述解释无法适用的，恰恰相反，这正是天主教教徒之所以很少参与到资本主义企业活动中来的一个原因所在。

另一个更令人瞩目的事实可以部分地解释天主教教徒在现代工业的技术工人中为何只占少数。大家都知道，工厂里雇用的技术工人大部分来自于青年的手工业者；这些技术工人中更多的是新教教徒而非天主教教徒。也就是说，在技术工人中，天主教教徒表现出了非常强烈的留守本行业的倾向，更多的时候他们会成为本行业的师傅，然而新教教徒则大部分被吸引到工厂里成为高级的技术工人和管理人员。毋庸置疑，对于这些实例的解释只能是：受环境因素影响（家庭所在社区和祖辈家庭中的宗教氛围所倾向的教育方式）所养成的智力和精神特质，决定了他们对于职业的选择，随即也注定了他们的职业生涯。

在德国，天主教教徒很少参与现代商业生活的状况更是让人吃惊，因为这与经常（包括现在）可以观察到的一种趋势截然相反。从属于统治阶级的少数民族群体和宗教少数派群体，出于自愿或者不自愿地被排挤出具有政治影响力的职位，于是就趋向于以一种不寻常的力量投身于经济活动领域。他们中最有能力的成员由于没有机会成为国家的公职人员，都想方设法地在经济领域中赢得社会对于他们能力的认可，从而满足他们在这方面的愿望。俄国和东普鲁士境内的波兰人的状况准确无疑地证明了这一点，生活在那里的波兰人相较于生活在加利西亚占有优势地位的波兰人而言，他们绝对拥有更高的经济发展水平。而更为久远的具有同样情况的例子还有，生活在路易十四统治下的法国的胡格诺派教徒，生活在英格兰的不信奉英国国教的新教教徒和贵格会教徒，以及最后的但同样重要的，那就是有着两千年历史的犹太人。然而，身处德国的天主教教徒并没有因为他们的身份而创造出什么让人刮目相看的成就。在过去，不论是在荷兰还是在英格兰，当天主教徒遭受迫害或者仅仅被容忍可以存在的时候，他们却都没有像新教教徒那样，实现过特别显著的经济发展。而从另一个方面讲，一个确定的事实是，新教教徒（特别是后面将要深入探讨的新教运动的一

胡格诺派（Huguenots），16—17世纪法国新教教徒（加尔文宗）的称呼。一般认为得名于德文“结盟者”（eidgenossen）。其主要成分是反对国王专制、企图夺取天主教会地产的新教封建显贵和地方中小贵族，以及力求保存城市“自由”的资产阶级和手工业者。

贵格会（Quakers），又称公谊会或者教友派（Religious Society of Friends），是基督教新教的一个派别。该派成立于17世纪的英国，创始人为乔治·福克斯（George Fox，1624—1691）。

些支派）不论他们是身处统治阶级还是被统治阶级，不论他们是多数派还是少数派，他们都体现出了一种发展经济理性主义的趋势；而对于天主教徒来说，不管他们是处于前一种状况还是后一种状况，这种趋势都未曾显现出来过。因此，对于新教教徒和天主教教徒的这种差异，应该着重研究他们各自的宗教信仰中固定的内在特质，而不是仅仅观察他们暂时的外在的历史政治环境，从而得出一个最重要的解释。

我们的任务正是调查研究这些宗教，试图找到它们的独特特质或者曾经的独特特质，因为这些特质可能是产生我们上述情况的诱因。有些人基于表面的分析和根据某些普遍的印象，认为这种差异是因为天主教教义更为重视美好的理想世界，及其最高理想中的禁欲主义特征，正是这些因素的指引使天主教的信徒们对现世的美好无动于衷。这种解释是与评价这两种宗教的普遍趋向相一致的。在新教教徒那里，这种解释被用来作为批判天主教生活方式中那些禁欲主义理想（真实的或者是想象中的）的基础，而天主教教徒则指责新教教义将所有理想都世俗化，是物质主义的根源。最近一位作家（指奥芬巴赫，Martin Offenbacher。——译者）试图对天主教和新教对于经济生活的不同态度进行这样的阐述："天主教更为恬淡，较少营利冲动；天主教教徒宁愿选择一种收入较少但非常安稳的生活，也不愿意选择一种充满冒险和刺激却可能带来荣誉和财富的生活。俗话说得好，'吃饱睡好，不可兼得'。在这个例子中，新教教徒更倾向于吃得饱，而天主教教徒则青睐于睡得好。"

事实上，这种要吃得饱的欲求准确但不全面地描绘了目前德国很多名义上的新教教徒的行为动机。但是在过去，情形就完全不一样了：英国、荷兰和美国的清教徒的形象与享乐生活恰恰相反，而这一个事实对于我们目前的研究来说是相当重要的。再者，新教教徒中的法国教徒一直保持着各地加尔文宗教会留下的特质，特别是在一次又一次的宗教斗争中所留下的特质，直到今天这种特质还一定程度地保存着。然而（或许，正如我们之后会思考的，的确是由于这一原因吗?），这些特质众所周知是当时法国工业和资本主义得以发展的最为重要的因素之一，尽管它们仅被允许在小范围内存在并一直饱尝迫害。如果我们可以把这种对待信仰的严肃态度，以及让宗教利益主导整个生活方式的做法称为追寻理想世界的话，则法国的加尔文宗教徒从过去到今天至少都和北日耳曼的天主教教徒一样超凡脱俗（不妨以北日耳曼的天主教教徒们为例，因为他们对于天主教的重视程度无疑不亚于世界上任何其他民族对于自身信仰的重视程度）。而这两种宗教在他们各自的国家内，都以几乎相同的方式与占主导地位的宗教发展趋势区别开来。法国下层人士中的天主教教徒对于生活享乐非常感兴趣，而上层人士对宗教则直接采取了一种敌视的态度。与之类似的是，今天德国的新教教徒都全神贯注于现世的经济生活，而上层人士则对宗教漠不关心。再没有什么可以像这种对比一样清楚地说明，那些断言天主教就是追求理想世界，断言新教教义就是重视现世的物质享乐，以及其他类似的含糊概念，都无法帮助我们达到研究目的。以这种笼统的说法来区分两种宗教，甚至都不足以适合今天的现状，就更不用说与过去的状况相符合了。然而，如果有人依旧想利用这一方式进行区分，那么其他几种意见就会马上出现，并且与上述对比相结合从而提出一种假设的矛盾，矛盾的一方是理想世界、禁欲主义和宗教虔诚，另一方则是参与资本主义的获利行为，而这对矛盾的双方实际上可能具有亲密的关系。

圣方济各，又称亚西西的圣方济各（San Francesco di Assisi，1182—1226），天主教方济各会和方济女修会的创始人。他是动物、商人、天主教教会运动以及自然环境的守护圣人。

事实上，基于一种非常表象的观察所得出的结果会令人大吃一惊，那就是大量虔信派（Pietism）的精神形式都源自商业圈。特别是众多最具热忱的虔信派教徒均来自这一圈子。而这可以解释成：为了避免敏感的本性被商业生活所浸染，他们所采取的一种针对拜金主义的回应，正如亚西西的圣方济各的例子那样，很多虔信派教徒也是这样解释他们皈依的过程。与之相似，非常明显的是众多资本主义企业家（包括塞西尔·罗兹）都来自牧师家庭，而这或许可以解释为是他们对儿时起就受到的禁欲主义教导的一种反应。但是当一种卓越的资本主义商业意识与一种贯穿和支配所有生活的最为强烈的宗教虔诚结合在一起，并体现在同一批人或者同一个群体身上的时候，这种解释就显得没有说服力了。这种例子不是孤立存在的，而这些特质却正是很多新教历史上那些最为重要的教会和教派的特质。特别是加尔文宗，不管它身处何方，都体现了这种结合。然而，在加尔文宗教改革盛行的时候，加尔文宗（或者任何其他新教信仰）并没有与任何特定的社会阶级保持密切的关联，但是很独特并且在一定意义上非常典型的是，在它的皈依者中法国胡格诺教会的修道士和商业人士（商人和手艺人）占了很大比例，尤其以宗教迫害时期为最。甚至连西班牙人也意识到这种异端邪说（也就是荷兰的加尔文宗）促进了贸易的发展，而这正与威廉·配第爵士对于尼德兰资本主义发展的原因论述如出一辙。哥赛因（Gothein）确切地将加尔文宗在各地的聚集地称作资本主义经济的温床。即使是这样，有人依旧会认为，是法国和荷兰的经济文化在那些社会中占据了优势地位，抑或可能是背井离乡对打破

威廉·配第（William Petty，1623—1687），英国古典政治经济学创始人，统计学家。一生著作颇丰，主要有《赋税论》（全名《关于税收与捐献的论文》）、《献给英明人士》、《政治算术》、《爱尔兰政治剖析》、《货币略论》等。

传统亲缘关系所造成的巨大影响，才是促进经济发展的决定性因素。但是从科尔伯特的斗争中我们知道，法国早在17世纪的时候情况就已经如此了。甚至连奥地利都直接吸纳了信奉新教的手艺人，就更不用提其他国家了。

马丁·路德（Martin Luther，1483—1546），德国宗教改革家。信义宗是基督教新教的一个重要派别，在欧洲语言中原为“路德宗”（Lutheran Church），在翻译成中文时，考虑到马丁·路德不愿以自己的名字为派别命名，故改译为“信义宗”。信义宗肯定“唯独因信称义”，即认为人是凭信心蒙恩得以称义。

但似乎不是所有的新教教派都对这一发展方向有着同样重要的影响。即使在德意志，加尔文宗的影响也是各个宗教教派中最强大的，而归正宗信仰（reformed faith）相较于其他信仰看起来也更大地推动了资本主义精神的发展，在伍珀塔尔地区和其他地方情况都是如此。其影响无论从总体上讲还是从具体事例上说，都要比信义宗大很多，这一点在伍珀塔尔尤为突出。苏格兰的巴克尔（Buckle）和英国诗人济慈（Keats）都曾强调过这些关系。还有一个只是需要提及的又更为明显的事实，就是在那些因信奉理想世界和非常富有而闻名的教派中，特别是在贵格会和门诺派中，宗教的生活方式与最大限度地发展商业才干总是联系在一起

约翰·济慈（John Keats，1795—1821），英国浪漫派诗人。

的。贵格会在英格兰和北美洲所扮演的角色，在德意志和尼德兰则由门诺派扮演。在东普鲁士，虽然门诺派教徒完全拒绝服兵役，但是弗雷德里克·威廉一世还是容忍了他们，那是因为他们是工业发展不可或缺的力量，而这不过是很多能描绘上述事实的诸多著名例证之一，当然考虑到这位君主的脾气秉性，这个例子算是最令人惊叹的了。最后，众所周知的是，这种极度的宗教虔诚与同样极度发展的商业才干的结合，同样是虔信派教徒的特质。

门诺派（Mennonite），基督教新教派别之一，他们的宗教教训源自16世纪欧洲的再洗礼派（Anabaptist）。门诺派信徒坚持自己与非门诺派团体完全分离。他们不配带武器，也不宣誓。他们按字面意思解释《圣经》，并且严格服从《圣经》的训诫。

应该想到的还有莱茵河地区和卡尔夫。在这个纯属导言性质的讨论中没有必要再堆叠更多的实例。仅有的这几个例子已经足以说明一个观点：那就是全力以赴的精神、积极进取的精神或者其他不管怎么称呼的精神，这些精神的觉醒都倾向归功于新教教义，而坚决不应该听随一种惯常的趋势，将其与生活享乐相联系，也不要在任何意义上将其与启蒙运动联系在一起。路德、加尔文、诺克斯（Knox）和沃特（Voët）这些老式的新教教派对于今天所谓的进步没有做过什么重要的贡献。即便是最为极端的宗教狂热者在今天也不会压抑现代生活的所有方面，而这些在过去的老式新教教派那里都是直接被敌视的。如果能够在老式新教精神的某种表述与现代资本主义文化之间找到任何内在联系的话，我们决不应该在这些精神声称或多或少含有的唯物主义因素，抑或是它们反禁欲的生活享乐中寻找答案，而应该将寻找的目标定位在它们纯粹的宗教特质上。孟德斯鸠在《论法的精神》第二十卷第七章中说道，英国人“在世界上所有民族中取得了三项最为长足的进步：那就是虔敬、贸易和自由”。英国人在贸易上的优势地位和他们对自由政治制度的适应，通过某种方式和孟德斯鸠认为英国人具有的无上虔敬联系起来，这难道不可能吗？

当我们以这种形式提出疑问的时候，就会发现有大量可能的关联依稀浮现在我们眼前。由于历史资料有着无穷无尽的多样性，我们现在的任务就是将这些模糊的关联尽可能地阐释清楚。但是为了达到这一目标，我们必须把前述那些已经被证否的含混不清而又宽泛的概念抛在脑后，而努力地研究基督教历史上那些分支教派各自的特质和相互间的差异。

但是在开始我们的任务之前，有一些讨论是必要的：首先，针对我们正尝试进行历史性解释的这一特殊现象，思考其所含有的独特性；再就是围绕本书的研究范围，考虑这种解释在何种意义上是合理的。

第二章 资本主义精神

经典名句

- 在现代的经济秩序下，只要是合法赚钱，就可以被看做是一种遵守天职美德的结果和发挥天职能力的表现。
- 今天的资本主义经济就是一个浩瀚的宇宙，每个人都生在这个宇宙之中，它至少对于个人来说，是一个人们必须生存于其中而不能改变的秩序。
- 前资本主义是指一种状态，即长期运转的企业对于资本的理性使用，以及理性的资本主义劳动组织形式，尚未成为决定经济活动的支配力量的状态。而这一态度正是人们在适应有秩序的资产阶级资本主义经济环境的时候，所遇到的最大内在障碍之一。

100
100
FEDERAL RESERVE NOTE
AL 65274329 A
L12
UNITED STATES
OF AMERICA
AL 65274329 A
100
100
ONE HUNDRED DOLLARS

美钞上的富兰克林

本章使用“资本主义精神”作为标题，多少会让人觉得有些玄乎。它到底蕴含着怎样的意义呢？在我们试图给它下一个所谓的定义时，肯定会遇到某些困难，而这正是这种研究自身的性质所决定的。

如果能够发现什么目标，可以将“资本主义精神”这一术语运用其中，并伴随某种可以理解的意义，那么这一目标只可能是历史的个体，也就是在历史现实中互相关联的各种因素的复合体，它是由我们从其所具有的文化意义上将那些因素组合而成的一个概念上的整体。

然而这样一种历史的概念，就其内容而言，由于它特指对自身独特个性具有重要意义的一种现象，因此不能依据“属+种差”的公式进行定义，而是必须把那些个体部分从历史现实中剥离出来组成一个

“属+种差”（genus proximum，differentia specifica），源自拉丁文“genus et differentia”。指利用形式逻辑学进行内涵定义的最普遍适用的形式，它定义一个事物的概念是通过确认这个事物的属类或这个事物所属的更大的类，然后找出它不同于其属类中其他成员的属性（种差），由此得到这一事物的特有属性（概念）。该公式是：概念=概念所归的属+种差。

整体，进而整合为一个概念。因此，最终确定的概念不可能出现在我们的前期研究中，而一定会在我们的研究结束时得出。也就是说，作为此番研究最为重要的成果，我们必须在这次论述的过程中给我们所理解的"资本主义精神"下一个最准确的定义，而这对于我们所关注的观点来说是最为恰当的做法。另外，对于我们正在研究的这些历史现象而言，这种观点（之后我们会提到）不可能是经过分析得出的唯一观点。对于当前这一历史现象或者说所有历史现象来说，如果从其他的立场出发进行研究的话，同样会获得一些非常重要的特性。因而，考虑到我们的研究目的，读者没有必要仅仅依据我们所解释的资本主义精神那样去理解它。这一情况是由历史概念的性质决定的，根据研究历史概念的方法论目标，历史概念并不是要通过抽象的一般性公式来把握历史的现实，而是要依据具体发生着的各组关系进行把握，而这些关系不可避免地具有一种独特特性和个体特质。

因此，对于我们正试图分析并做出历史性解释的对象而言，如果想尝试对它进行限定的话，那一定不能是一种概念定义的形式，在最初它至少应该是对这里所指的资本主义精神做一个临时性的描述。然而，这种描述对于清楚地理解我们的研究对象来说是不可或缺的。为了达到这一目的，我们把注意力瞄向了一份有关这一精神的文献资料，这份资料包含了我们所找寻的接近于纯粹经典的资本主义精神；而且它还具备一个优点，这就是它摆脱了各种与宗教的直接关系，因此对于我们的研究目的来说，就使我们摆脱了各种先入为主的观念。

牢记，时间就是金钱。一个人如果一天靠自己的劳动可以赚十先令，这天他歇工外出或者闲呆半天，即使他在外出消遣或者闲呆着的过程中只是花了六便士，那也不应该将其算作他这天的全部开销；而他真正花费或者更确切地说白白扔掉的，应该再加上五先令。

牢记，信誉就是金钱。如果一个人借钱给我，而到期后他没有要回这些钱，这就说明他把这段时间的利息给了我，或者把这段时间我可以通过这笔钱赚取的利润给了我。当一个人有大量、优质的借贷，并且很好地利用了这些贷款，那么他的所得就会越来越多。

牢记，金钱有增殖和衍生的性质。钱可生钱，新钱又可再生更多的钱，循环往复。五先令生成六先令，然后又生成七先令三便士，如此钱生钱直到它变成一百英镑。本金越多每次周转盈利的钱就越多，利润也因此增长得越来越快。一个人如果杀了一只下崽的母猪，那就是毁了它之后所有要繁衍的千代万代。一个人如果糟蹋了五先令硬币，就等于抹杀了它可能创造的价值，这甚至可能是二十英镑。

牢记这一名言：精明的掌钱人是他人钱包的主宰者。一个人如果因准时或者恪守约定的时间付款而得名，那么他就可以在任何时候、任何情况下筹到他身边朋友的所有闲钱。这一点有时大有用处。除去勤劳节俭，对一个年轻人安身立命最有益处的就是保证他的所有行为都是守时和正义的；因此，借别人的钱到了许诺要还的时候，多一个小时都不要耽搁，以免你的朋友因为失望而对你永远地关闭了他的钱包。

不论多么微不足道的行为，只要它影响了信誉都应引起注意。如果一个债权人在早上五点或者晚上八点听到你敲击锤子的声音，那会使他踏实放心六个月；但如果他看到你在应该工作的时间打台球或者听到你的声音出现在小酒馆时，那么他第二天就会派人去讨还债务；并且在他能接受这一行为之前，要求你一次性付清欠款。

而且这也显示你对于所欠债务的时刻不忘；它使你看起来是个认真而诚实的人，于是就又提高了你的信誉。

注意不要把你所掌控的都视为你所拥有的，生活要量入为出。这是很多有借贷情况的人都犯过的错误。为了避免这一错误，为自己在一段时间之内的开销和收入做一份精确的账单。如果一开始你在详细的账目上花费了心思，那么就会产生这样的好处：你会发现小而细碎的开销竟然累积成了一笔笔大额支出；因此你会认识到什么可以节省下来，以及什么可以在将来节省下来，从而又不会引起任何大的不便。

只要你被认为是一个谨慎而诚实的人，虽然你一年只能赚六英镑，但你却可以使用一百英镑。

一个人如果每天乱花四便士，那么他每年会乱花掉六英镑，而这正是不能使用一百英镑的代价。

一个人如果一天接一天地都在白白浪费可以值四便士的时间，那么他就每天都在浪费可以使用一百英镑的权利。

一个人如果白白浪费了可以值五先令的时间，其实就是损失了五先令的金钱，就好像故意把五先令扔进大海一样。

一个人如果损失了五先令，那么损失的就不仅仅是这个金额，更是要包括这五先令可能周转得来的所有收益，而当一个年轻人变老的时候，这些钱就会积攒成为一大笔钱。

本杰明·富兰克林(Benjamin Franklin，1706—1790)，资本主义精神最完美的代表，18世纪美国最伟大的科学家和发明家，著名的政治家、外交家、哲学家、文学家和航海家以及美国独立战争的伟大领袖。

这些话就是本杰明·富兰克林对我们的教导，而这些话在费迪南德·科恩伯格那本机智而又具有恶意的《美国文

费迪南德·科恩伯格（Ferdinand Kürnberger，1821—1879），奥地利作家。

化写照》（*Picture of American Culture*）中则被讽刺成美国佬的对信仰的自白。毫无疑问，这种用典型风格表述出来的正是资本主义精神，尽管我们并没有奢望一切可以被理解的资本主义精神都包含在这些话里。现在让我们稍停片刻思考一下这些话，它们所蕴含的哲学被科恩伯格总结为“他们从牛身上揩油，从人身上榨钱”。然而这种贪婪哲学的特质看上去好像正是那些有信誉又诚实的人的理想，尤其表现为一种观念，那就是个人有责任增长他自己的资本，并将资本增长视作最终的目的。当然，富兰克林的这些话所宣讲的不单纯是告诉人们立命安身之法，而是一种独特的伦理。对于违反这一伦理规则的人来说，他们不会被当做是愚蠢的人，而是会被当做玩忽职守的人来对待。这才是事情的本质。它不仅仅是指商界的精明——这一世间最为平常无奇的事——更是指一种精神气质（ethos）。这种气质正是我们所感兴趣的。

雅各布·富格尔（Jacob Fugger，1459—1525），15—16世纪时的德国富商。

一次，雅各布·富格尔在与他的一位已经退休的商业伙伴的交谈中，那个人想劝说富格尔像他一样退休，因为富格尔已经够有钱了，应该给其他人一些机会，但是富格尔认为这是胆怯的行为，便加以拒绝，“他（富格尔）可不这么想，他只要还有精力就想一直赚钱”，他言论中的精神显然不同于富兰克林言论中的精神。富格尔的言论是一种商业勇气和不带道德色彩的个人倾向的表达，而富兰克林的言论则是带有伦理色彩的行为谏言。本文所述的资本主义精神是指在这后一种意义上的概念，它所指的是现代资本主义精神。因为显然可以从我们论述问题的方式上看出，我们这里所研究的仅仅是西欧和美国的资本主义。资本主义在中国、印度和巴比伦，在古希腊和古罗马，以及在中世纪都曾经存在过。但是我们应该看到，那些地方的资本主义都缺少这种特别的精神气质。

如今，富兰克林所有的道德态度都被染上了功利主义的色彩。诚实之所以有用，那是因为它可以保证信誉；同样，守时、勤劳和节俭也可以保证信誉，所以它们被称为美德。由此可以得出一个逻辑推理：例如，诚实的外表如果可以达到同样的目的，那么它就足够了，过多的美德在富兰克林看来就成了徒劳的浪费。实际上，富兰克林在他的自传中讲述的皈依这些美德的故事，或者关于他严格保持谦逊形象的价值讨论，抑或是他刻意贬低自身的功劳以求获得普遍的赞誉，都印证了这一推理。依照富兰克林的看法，那些美德和其他美德一样，只是当它们对人有用的时候才被视为美德，如果仅仅使用美德的外壳就能达到预期的目标，那么它就已经足够了。这对于严格的功利主义来说是一个必然的结论。在很多德国人的印象中，美国精神所倡导的那些美德不过是一种纯粹的伪善，这似乎已经被上述明显的例子所证实了。但实际上事情远非如此简单。本杰明·富兰克林自己的性格，正如在他的自传中体现的他那极不寻常的率直一样，证明了这些怀疑是错误的。他认为自己能够认识到美德的功用，得益于神的启示将他引领上正义之路；而这一情况说明，在他的言论中除了粉饰纯粹的利己主义动机之外，更存在着一些其他的东西。

事实上，这种伦理中的“至善”就是赚取更多的钱与严格避免任何本能的生活享乐的结合，因而它完全没有任何幸福的调味剂可言，更不用说享乐主义了。它是纯粹为了赚钱而赚钱，从个人幸福和功利的视角来看，它完全是超验的，也绝对是非理性的。人们完全被赚钱和获利所掌控，并将其作为人生的终极目标。获取经济利益再也不从属于人类，不再是满足人类物质需要的工具了。这颠覆了我们认为很自然的关系，朴素的观点会认为它太不理性了，但是它却显然是资本主义的一条首要原则，对于身处资本主义影响范围之外的人来说，这一原则也显然是完全陌生的。与此同时，它还传达了一种与某些宗教观念密切联系的态度。因此，如果我们问富兰克林为什么要“从别人身上赚钱”，虽然他自己是一个中立

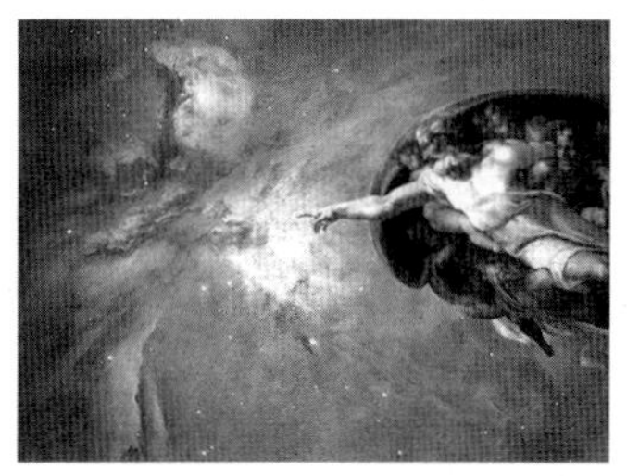

自然神论（Deism）是17—18世纪的英国和18世纪的法国出现的一个哲学观点，主要是回应牛顿力学对传统神学世界观的冲击。这个思想认为，虽然上帝创造了宇宙和它存在的规则，但是在此之后上帝并不再对这个世界的发展产生影响，而是让世界按照它本身的规律存在和发展下去。

的自然神论者，但是他自传中引用的一段圣经语录可以作为他的答案，当然这也是他那笃信加尔文宗的父亲在他少年时期反复向他灌输的，即“你见过对于事业兢兢业业的人么？他必站在国王的面前”（《圣经·箴言》第二十二章，第二十九节）。在现代的经济秩序下，只要是合法赚钱，就可以被看做是一种遵守天职美德的结果和发挥天职能力的表现；不难看出，这种美德和能力正是富兰克林一直信奉的伦理观，正如我们的引文以及富兰克林其他所有著作中所表述出来的那样。

事实上，“人们履行天职的责任”这个今天看起来非常熟悉、但实际上又不是那么顺理成章的特殊观念，恰恰是资本主义文化的社会伦理中最为典型的特质，而且在一定意义上说是资本主义文化的根基所在。这种职责观念是一种义务，即个人应当摸索研究自己的职业活动内容并且确实在摸索着，不管他的职业内容是什么，尤其不管他表面上是利用了个人的能力，还是仅仅利用了（作为资本的）物质财产，这些都不要紧。

当然这种观念不是仅仅出现在资本主义环境下。与之相反的是，接下来我们会上溯到资本主义出现之前的一个时代去找寻它的源头。我们自然更不会认为，现代资本主义企业中的个人（包括企业家或者工人）自觉自愿地接受这些伦理准则，就是今天的资本主义继续存在下去的条件。今天的资本主义经济就是一个浩瀚的宇宙，每个人都生在这个宇宙之中，至少对于个人来说，它是一个人们必须生存于其中而不能改变的秩序。一个人只要介入到市场关系的系统中来，资本主义经济就会迫使他遵守资本主义的行为准则。一个制造商如果在他的经营中长期违背这些准则，就必然会被赶下经济的舞台；同样，一个劳动者如果不能或者不愿适应这些准则，就会被扔到街上成为失业者。

因此，今天的资本主义已经统治了经济生活，它通过经济领域的适者生存过程，教育和挑选它所需要的经济主体。但是人们可以很容易地发现，用选择的概念来进行历史的解释，是有其局限性的。如果一种与资本主义各种特性完美契合的生活方式最终被选择，也就是说它开始主导其他生活方式了，那么这一生活方式绝不能起源于某些孤立的个体，而应该起源于一种所有人群共同的生活方式。而这才是真正需要解释的起源。根据较为朴素的历史唯物主义的学说，这种观点源于对经济状况的反应，或者是经济状况的上层建筑，接下来我们会对它进行详细的论述。这里我们提请大家注意一个毋庸置疑的事实就足够了，那就是在本杰明·富兰克林的出生地（马萨诸塞州），资本主义精神（根据我们赋予它的意义）的出现早于资本主义秩序的出现。早在1632年的时候，就已经有人抱怨新英格兰那种追逐利益的锱铢必较，这使它不同于美国的其他地方。另一个确定的事实是在邻近新英格兰的其他殖民地，以及在之后加入美国的南部各州，虽然这些地方是由一些大资本家基于商业目的建立起来的，而新英格兰的殖民地是出于宗教目的，由传教士和神学院的毕业生在小资产阶级、手艺人和自耕农的协助下建立起来的，但是资本主义在这些地方的发展却都远远落后于它在新英格兰的发展水平。因此，这一例子中的因果关系明显逆转了唯物主义观点提出的因果关系。

但是这种观点的起源和历史，要比上层建筑的理论家们所设想的复杂很多。本文意义上的资本主义精神，必须通过与全世界的敌对势力进行较量才能确立它的无上地位。我们文中引述富兰克林的那一席话所代表的心理状态，虽然唤起了所有人的掌声，但是在古代和中世纪，这种心理状态却被当作是最低级的贪婪和一种缺乏自尊的态度而遭到排斥。事实上，对于那些还未介入到或者说还未适应现代资本主义环境的社会群体来说，他们依旧排斥这一心理状态。这不完全像是人们常常说的那样，因为获利的本性在那些时代不为人所知或者尚未被开发；也不像是现代浪漫主义作家习惯相信的幻觉那样，因为从过去到现在，在资产阶级资本主义特定范围之外的人比在这一范围之内的人，对于金钱的贪婪相较更弱一些。根据这种见解是无法找到资本主义精神与前资本主义精神之间的区别的。中国的清朝官吏、古罗马的贵族抑或是现代农民，他们对于金钱的贪婪不比任何人弱。而且，大家自己就可以发现，那不勒斯的马车夫或船夫，亚洲从事类似行当的人，以及南欧和亚洲国家的手艺人，他们对于金钱的贪婪要比一个英国人在同样情况下体现出来的贪婪更为强烈、甚至更为寡廉鲜耻。

用西方的标准来衡量，那些在资产阶级资本主义的发展水平上仍然是很落后的地方，都存在一种为了赚钱谋取私利而完全不择手段的特征。每个雇主都知道，这些国家（比如与德国相比之下的意大利）的劳动者缺乏自觉性，而这种状况在过去、甚至一定程度上在今天，都是他们本国资本主义发展的一个主要障碍。资本主义不能使用那些奉行无纪律性的自由抉择主义的劳动者，正如它不能使用那些在生意往来中完全不讲道德的商人一样，这一点可以从富兰克林那里得知。因此，资本主义精神和前资本主义精神之间的差异并不在于某种赚钱动力的发展程度。对于金钱的贪婪古已有之。但是我们应该看到，那种完全屈从于这一贪婪并使之成为一种不受控制的冲动的人，比如“为了寻觅财宝甘愿下地狱，纵使地狱之火烧焦了船帆也在所不惜”的荷兰船长，绝对不可能成为（富兰克林）那种心理状态的代表人物，正是这种心态孕育了独特的资本主义精神这一普遍现象，而这才是问题的关键。在历史上的任何时期，只要是有可能的地方，就会存在不受任何道德规范束缚的残忍的牟利行为。人们在与外国人或者非本族群的人进行交易时，往往就像打仗和海上劫掠一样胡作非为。这种双重道德标准允许人们在与外部交往的时候干出他们在内部往来时禁止的事情。

作为一种投机的资本主义牟利行为，存在于各种类型的以货币进行交易的经济社会中，并通过这些社会中的柯曼达、包税制、国家贷款、战争筹款、王宫朝廷和公职人员为它的牟利提供机会。同样，在这些投机商人的心中，他们普遍地对一切道德限制采取蔑视的态度。在牟利的过程中完全和有意识的冷酷无情与最严格地恪守传统常常是紧密相连的。值得一提的是，当传统已经崩溃，自由经济企业开始或多或少地得到了扩展，甚至延伸到了社会群体的范围之内的时候，这种新生事物并没有得到伦理上的认可和鼓励，反倒只是被当做一个可以容忍其存在的事实而已。而这一事实不是被看做道德冷漠就是被认为应该遭到谴责，然而不幸的是，这些都不可避免。这不单单是所有伦理学说的态度，更重要的是，在前资本主义时期，一般人在实际的行为中也表达了相同的态度；在这里，前资本主义是指一种状态，即长期运转的企业对于资本的理性使用，以及理性的资本主义劳动组织形式，尚未成为决定经济活动的支配力量的状态。而这一态度正是人们在适应有秩序的资产阶级资本主义经济环境的时候，所遇到的最大内在障碍之一。

包税制（farming of taxes），又称“商包税”。在剥削阶级统治的制度下，国家或官府不直接按规定税率向纳税人征税，而是采取招标承包方式，将某一种捐税把要征收的税款数额，承包给富豪私商，由承包人运用官府授给的征税权，自行确定征收办法，向纳税人收税。

当资本主义精神作为一种要求获得伦理认可的生活准则时，它最为强大的对手就是对于那种新环境的态度和反应，我们称之为传统主义。对于传统主义来说，所有要为它下一个最终定义的尝试都应该暂时搁置一下。而另一方面，我们应该试着通过列举一些案例，以便得到一个临时的含义。接下来我们会从劳动者入手进行分析。

现代雇主为了保证从他的雇员那里得到最大可能的劳动量，所运用的技术手段之一就是计件工资制度。例如，在农业领域，收割庄稼所需要的劳动强度是最大的，由于天气的不确定性，大丰收和大减产的区别就在于收割庄稼时的速度快慢。因此，计件工资制度在收获的季节里几乎是被普遍采用的。又由于雇主在加速收割中所获得的利益会随着收割结果和收割效率的增长而增加，进而雇主们就会一次又一次地提高计件工资的水平，让雇员们有赚更多钱的机会，从而调动起他们提高工作效率的愿望。但是雇主们经常会为一个奇怪的难题苦恼，而这一难题出现的频率高得令人吃惊，这就是：提高计件工资水平的结果往往是在同样的时间内，雇工们完成的工作量竟然比提高之前不升反降，而问题的症结在于雇工们对于提高计件工资水平的反应是，他们应该减少工作量而不是增加工作量。例如，一个人收割庄稼的计件工资为每英亩 1 马克，他每天收割 2.5 英亩挣 2.5 马克；而当收割的计件工资提高到每英亩 1.25 马克的时候，这个人不会选择收割 3 英亩（可能这对于他来说很容易）挣到 3.75 马克，而是会只收割 2 英亩继续挣他习惯的 2.5 马克。和减少工作量的机会相比，挣更多钱的机会显得没那么有吸引力。雇工不会问：我尽量努力工作，一天能挣多少钱？而会问：我每天必须干多少活儿就能像之前那样挣 2.5 马克，从而满足我的日常开销？这便是我们所言的传统主义的一个案例。人并非“天生”渴望赚越来越多的钱，而是简单地要过一种自己已经习惯的生活，并为了这一目标去赚需要的钱而已。无论在哪里，一旦现代资本主义开始通过增加劳动强度来提高人类劳动的生产率，它就会遭遇前资本主义劳动这一首要特性极为顽强的阻力。今天，资本主义在这方面遇到的阻力越大，说明他要面对的劳动力（从资本主义的观点看）就越落后。

回到我们的案例中，这里还有另外一种明显的可能性，鉴于这种通过提高计件工资水平的办法不能唤起雇工的获利本性，那就尝试使用相反的策略，通过降低计件工资水平，以迫使雇工努力工作从而挣到和原来一样的钱。直至今天，仍然有一些肤浅的观察者认为低工资和高利润是互相关联的；所有以工资的形式付出的钱看似都会使利润相应降低。资本主义从它开始起，就一直不断地选择通过这一途径达到提高劳动生产率的目的。几个世纪以来，人们总奉行一种信条，那就是低工资就是生产率，或者说低工资增加劳动的物质成果，因此正如彼得·德拉库尔很早以前就说过的，人们只有因为贫穷或者只是在人们贫穷的时候，他们才会去工作。在后面我们会看到，这一观点与老加尔文主义的精神完全契合。

彼得·德拉库尔（Pieter de la Court，1618—1685），荷兰经济学家。

但是这种看似很有效率的方法其功效是有局限性的。当然，在劳动力市场以低价雇用剩余劳动人口，的确是资本主义发展的一个必要条件。不过尽管这支人数过多的后备军在某些情况下可以扩大资本主义的规模，但是它阻碍了资本主义在自身质量上的提高，特别是它阻碍了那些想要利用更高强度劳动力的企业的转型。低工资无疑不能等同于廉价劳动。从纯粹的数量观点看，不能满足生理需要的工资水平会使劳动生产率降低，长此以往会造成一种不适者的生存。今天一个普通的西里西亚人，当他尽全力收割庄稼时，他的收割面积也不过是和工资更高、更为健康的波美拉尼亚人和梅克伦堡人收割面积的三分之二持平，而越是靠近东部的波兰人，他的劳动生产率就越是低于德国人。即使是从纯粹商业的角度考虑，只要是在生产产品的过程中需要利用熟练的劳动力，或者需要利用容易损坏的贵重机器，抑或是在一般情况下需要的高度注意力和创新精神，低工资的途径就都是走不通的。低工资不仅得不偿失，而且它的影响与它追求的效率提高完全相反。因为不仅高度的责任感在这里是必不可少的，而且这里还需要一种态度（至少在工作时间内保持这种态度），那就是避免时时刻刻盘算到底怎么样才能最舒服最省力地赚取自己习惯的工资。与之相反，人们必须将劳动本身当作目的，当做是一种天职去履行。但是这种对于劳动的态度不是与生俱来的。它不可能单单凭借低工资或者高工资来唤醒，而只能是长期辛勤教育的产物。今天的资本主义已经占据了统治地位，它在各个工业国家中都能相对轻松地招募到劳动力。相比过去，这在任何一个国家都是一个相当头疼的问题。当然，即便是今天，如果没有一个强有力的盟友，资本主义可能也不会顺利地前进。下面我们就会看到，这个盟友一直存在于资本主义的发展过程中。

这个盟友我们可以用另外一个案例来解释。对于一种落后的传统劳动方式来说，今天人们常常用雇佣女工、特别是雇佣未婚女工来予以说明。雇佣女孩（比如雇佣德国女孩）的雇主们几乎普遍地抱怨这些女孩基本上都不能，也不愿意为了提高工作效率而放弃之前传下来的或者自己学会的工作方法，同样地，她们不能，也不愿意适应新的工作方法、进行学习并集中精力工作，她们甚至不愿意在工作中动脑子。如果跟她们解释这样做会使工作变得更加省力，更重要的是会让她们赚更多钱的话，她们大都不会理解。而增加计件工资水平的办法也同样无法击破“习惯”这面高墙。通常情况下，只有那些具有一定宗教背景的女孩，特别是那些信仰虔信派的女孩，才会使这一情况有所改观，这对我们来说是很重要的。这些女孩在接受经济教育方面往往有着绝佳的机会，这是大家都听说过的，同时也得到了调查的认证。集中注意力的能力和极为重要的工作责任感，在这里经常与计算最高盈利可能的厉行节约以及能够显著提高工作表现的自我约束能力和节俭精神结合在一起。这种结合为“为了劳动而劳动”、“劳动是一项天职”这一资本主义必不可少的观念提供了最为有利的基础，即宗教教养最有可能破除传统主义。针对今天资本主义的这一观察，我们有必要提出这样的疑问：对资本主义的适应能力与资本主义发展初期产生的那些宗教因素，这二者是如何结合在一

起的呢？因为根据大量的事实可以推断，这些宗教因素在当时就

约翰·卫斯理（John Wesley，1703—1791），循道宗创始人、英国神学家。其宗教思想成为卫理公会、循道公会等各教会的思想依据。

已经有着与现在相同的存在形式了。比如在18世纪，信奉循道宗的工人们就遭到他们周围同事的厌恶和迫害，这不单纯因为他们的“异端邪说”，这甚至都算不上是主要原因；在英格兰也有类似的情况发生，甚至比这更为严重。这种厌恶和迫害，正如在一些研究报告中反复提到他们的工具遭到毁坏等等，都源于这些人对工作充满了一种特殊的自觉自愿，正如我们今天所说的那样。

不管怎样，现在让我们回到现实中，这次我们把目光聚集到企业家身上，看看传统主义在他们身上意味着什么。

桑巴特在论述资本主义起源的时候，已经将经济史中两大主导原则进行了区分，这两大原则是满足需求和获利。作为控制经济活动的形式和方向的原则，前一种原则是指获得可以满足个人需求的必需品，而后一种原则是指竭尽全力获得这种需求限制之外的利益。桑巴特所言的需求经济，初看上去应该是本文所言的经济传统主义。如果将需求的定义限定为传统需求，这种理解是可以的。但是如果需求的定义不被限定为传统需求，那么根据桑巴特在其著作的另一部分中为资本主义所下的定义，那些必须被认为是资本主义性质的经济类型，就应该属于需求经济的范畴，

而不是获利经济的范畴。一个企业，换句话说就是由私人企业家经营的，利用资本（包括货币或者具有货币价值的生产资料）进行获利的，购买生产工具进行生产和卖出产品的企业，也就无疑是具有资本主义性质的企业，它们可能会同时具有一种传统主义的特征。这一点，即使在现代经济史的历程中，也不仅仅是一个偶然的情况，更应该是一个规律，而这一规律不过是被资本主义精神那一次又一次强有力的征服所打断而已。诚然，在一般情况下，企业的资本主义形式和运营企业的精神，这二者之间都会保持某种适度的关系，但不是那种必要的相互依赖的关系。不过我们仍然要暂时使用“（现代）资本主义精神”这一表达方式，来描绘这种理性而系统地运用我们之前所说明的方式（通过本杰明·富兰克林的例子说明的）进行营利的态度。无论如何，历史的事实证明：一方面这种心态在资本主义企业那里找到了它最为恰当的表达，另一方面资本主义企业也通过资本主义精神找到了它向前发展最相匹配的动力。

维尔纳·桑巴特(Werner Sombart，1863—1941)，德国社会学家、经济学家。主要著作有：《19世纪的社会主义和社会运动》(1896)、《现代资本主义》(1902)、《犹太人与经济生活》(1911)、《资本主义》(1930)和《新社会哲学》(1934)等。

但是这两者可能分别发生。本杰明·富兰克林心中充满了资本主义精神，但是在当时他的印刷厂在形式上与其他任何手工企业都没什么两样。而且我们应该看到，在现代的开始阶段，那些具有商业贵族背景的资本主义企业家并不是这种态度（文中所指的资本主义精神）的唯一或者主要的承载者。它的主要承载者是一个新兴阶级，那就是工业中产阶级。即使到了19世纪，资本主义精神的典型代表也不是利物浦和汉堡那些世袭商业财产的高雅绅士，而是曼彻斯特和威斯特伐利亚那些往往在普通环境中靠自己的力量发迹的新贵。而早在16世纪，情况就已经与19世纪相似了，那时兴建起来的行业大都是由这种新贵创立的。

例如，银行、批发出口商业、大型零售商店或者是出售家庭制造品的大型包出制企业，经营管理这些企业必然只能是在资本主义的企业方式下才能成为可能。不然的话，它们就都会被传统主义精神所浸染。而事实是，大型发行银行的业务是不能通过其他途径运行的。过去几个世纪以来，海外贸易一直以具有严格传统特征的垄断和法律特权作为自己的基础。在零售业贸易中（我们所讨论的不是那些没有资本、动不动就哭喊着要求政府资助的小商贩），消除老式传统主义的革命正如火如荼地进行。而破除老式的包出制度也是同样的一种进步，因为现代家庭劳动与这种制度的联系不过是形式上的。尽管这些事实我们十分熟悉，但是这一革命是怎么发生的？它又具有怎么样的重要意义？我们还是用一个具体的案例来解释。

直至上世纪中叶，包出商的日子在我们今天看来还是很舒适的，至少在大陆的很多纺织业部门中是这样。我们可以这样想象包出商的日常工作：农民带着他们的布料到城里来找包出商，这些布料（比如亚麻布）大都是由农民自产的原料织成，在经过了认真的、经常还是官方的质量评估之后，包出商以通常的价格买下这些布料。由于远离市场，这些包出商的主顾是一些中间商；一般来说，中间商找到包出商，他们不看货样，而是从包出商的仓库里寻找惯常质量的产品然后买下，或者在发货之前列一个订单，这些订单经过倒手大概就都到了农民手中。包出商很少亲自招揽顾客，即便有的话时间间隔也会很长。虽然发送货样慢慢地发展起来，但是书信往来已经足够了。包出商的工作时间非常有限，每天可能五到六个小时，有时可能更少；在旺季，则要多忙一个小时。他们挣得不多，但足以过上体面的生活，在生意好的时候还能攒下一些积蓄。总之，在包出制中，竞争者之间的关系是比较好的，他们在生意的基本面上有着很大程度的默契。他们每天要在酒馆里泡很长时间，喝很多酒，还有一圈志趣相投的朋友，生活过得有滋有味。

从各个方面看，这种组织形式都是资本主义性质的；企业家的活动具有纯粹的商业特征；资本在生意中来回周转是不可或缺的；最后，簿记作为客观的经济过程是理性的。但是它是传统主义的商业，如果细想一下，什么精神能使这些承包人活跃起来呢？那只能是传统的生活方式，传统的利润率，传统的工作量，传统的调节与雇工关系的方式，以及最基本的是传统的主顾圈子和吸引新主顾的方法。可以这样讲，以上所有这些支配商业行为的因素，都基于这一商人群体的精神气质。

今天，这种安逸享受在有的时候会被突然破坏，而这经常是在劳动的组织形式完全没有本质改变的情况之下，比如向统一工厂的转型、使用机器纺织等等。与之相反，所发生的事情不过是这样的：一个包出商家庭出身的年轻人出门来到乡下，认真挑选他要雇佣的织布工，大幅度提高对他们工作的监督，从而使他们从农民变成了工人。另一方面，这个年轻人开始着手改变他的营销方法，只要有可能他就直接到终端客户那里去以便得到第一手的市场信息，他还自己去招揽顾客并且每年都去拜访他们，最重要的是他会直接根据这些顾客的需要和想法调整产品的质量。与此同时，他开始引入薄利多销的原则。这种理性化的过程在所有地方不断地引发一个结果：那些不愿意学样照做的人只能停业破产。那种田园牧歌式的状态在激烈的竞争压力下崩塌了，大量的财富被制造出来，然而这些财富没有被用作借贷赚取利息，而是在一直进行商业投资。老式的悠闲舒适的生活态度被厉行节俭所取代，而正是这些厉行节俭的人赚取了财富成为新贵，因为他们所期望的不是消费而是赚钱，这使得那些想要保持旧有生活方式的人不得不削减他们的开销。

在这一点上最为重要的是，这场革命的起因并不是由于行业中注入了一笔新的投资，在我所知的几个案例中，整个的革命过程只不过是一些人把从亲戚朋友那里借来的几千马克作为资本而发动起来的；革命的真正起因在于一种新精神的作用，那就是现代资本主义精神。针对现代资本主义扩张的动力，其首要问题并不是用于资本主义活动的资本额来源问题，而首先考虑的应该是资本主义精神的出现和发展问题。在这一精神出现并能发挥作用的地方，它为自己创造资本和货币供应，并通过这些途径达到自己的目的，但是如果把这一过程颠倒过来，那就不能成立了。然而资本主义精神登上历史舞台的过程并不平静。大量的不信任，有时还夹杂着憎恨，甚至还有道德的愤怒，都扑向了第一个变革者。通常情况下，人们会制造一些关于此人之前生活的流言蜚语，这种情况我是有所了解的。这些流言蜚语是很容易被辨识的，这种新型的企业家只有具备不同寻常的坚强性格，才可以确保他不丧失自控的能力，同时免遭道德上和经济上的失败。进而，只有当一个企业家具备坚定而高深的伦理素养，加之具备敏锐的洞察力和行动力的时候，他才有可能赢得主顾和工人们那不可或缺的信任。除了这些，再没有什么可以给企业家以力量去攻克前方那些不计其数的障碍，尤其就现代企业家所肩负的任务来说，再没有什么任务能够比它更为繁重了。但这些伦理素养完全不同于之前那些适应传统主义的伦理素养。

推动这一变化的人表面上看起来并不显眼，但他们却在促进资本主义精神渗入经济生活的过程中起到了决定性的作用。一般说来，这种人不会是那些胆大包天、肆无忌惮的投机者，也不会是我们在经济史的各个时期都能找到的经济投机商，抑或是那些大金融家。正相反，他们从艰难的生活中成长起来，既深谋远虑又勇敢无畏，既节制有度又保守信誉，他们十分精明能干并专心致志于他们的事业，同时又严格信奉资产阶级的观点和原则。

人们更愿意认为这种个人的道德素养与任何伦理准则都没有丝毫的关系，更不用说和宗教思想扯上什么关系了，它们之间即使存在什么联系的话那也是消极的。那种使人从普遍的传统束缚中解放出来的能力，以及自由的启蒙思想，才被看做是与这类商人的成功最为匹配的基础。在今天看来情况确实如此。一般情况下，宗教信仰和行为之间不存在什么关系，即使存在关联的话，它也是趋向于消极的关联，至少在德国情况是这样的。今天，那些充满资本主义精神的人们对于教会的态度如果不用敌视这个词来形容的话，那也是漠不关心的。天堂的枯燥值得虔敬，这一思想对于他们这些天性积极的人来说不具任何吸引力；宗教对于他们来说不过是一种使人们远离现世劳动的工具罢了。如果你问：他们如此不知疲倦地活动究竟为的是什么呢？他们对于自己已经拥有的东西为什么从不满足，以至于他们对于任何世俗的人生观都置若罔闻呢？如果他们有什么答案的话，他们会说："为了抚养我的孩子们和孙子们。"但是这种行为动机不仅仅是属于他们的，更多时候对于传统主义者一样有效，因此更为准确直白的答案应该是：他们所投身的需要不断工作的事业已经成为他们生命中的一个必要组成部分。事实上这才是他们唯一可能的动机，但是从个人幸福的观点来看，这种"人为了发展事业而存在，而不是事业为了人的生活而存在"的生活，非常不合常理。

无疑，作为财富的一小部分意义，对权力和赞誉的渴望在其中也起到了一定的作用。一旦整个民族的想象力都被引向纯粹的数量庞大上时，正如在美国出现的情况一样，这种关于数字的浪漫主义就会对那些具有诗人气质的商业人士形成不可抗拒的诱惑力。而通常情况下，这种诱惑在真正的领袖那里发挥不了效力，特别是对那些一直很成功的企业家来说更是如此。有些人安享世袭的财产和贵族名号，而他们的孩子则在大学里和官场上试图遮掩自己的出身，这已成为德国资产阶级新贵家族的典型历史，但这其实是之后家道没落的产物。资本主义企业家的理想类型，正如德国偶然出现的杰出商人所代表的类型，与那些多少有点教养又努力提高社会地位的人没有任何关系。这种理想类型的企业家会规避炫耀和不必要的支出，会对自己的能力保持清醒的头脑，而对那些代表社会赞许的外在标签他又会感到局促不安。换句话说，他的生活方式经常具有一种禁欲主义倾向的特征（我们有必要研究这一重要事实的历史意义），这在我们引用的富兰克林的训导中显而易见。与富兰克林建议的谨慎相比，他又具备一种更为坦率的谦逊，这实非特例，而是他身上固有的特征。他除了能从自己的财富那里非理性地感觉到“已经把工作做得很好了”之外，再没有什么可以从中获得的了。

然而正是这些特征，让前资本主义时代的人感觉是那么的神秘和令人费解，那么的不值得和卑劣。所有人毕生工作的唯一目的就是要和大笔的金银财宝一起埋进坟墓，对于前资本主义时代的人来说，这种情况看似只对那些沉溺于金钱、本性堕落的人，才可以解释得通。

如今，在我们个人主义的政治、法律和经济体系下，以及在我们的经济规则所独有的组织形式和总体架构内，这种资本主义精神可以被纯粹地理解为是一种适应的产物，正如我们之前所说的那样。资本主义的制度迫切地需要人们将赚钱视作献身于天职，这种看待物质财富的态度和此种制度完美契合，并且与那种你死我活的经济斗争环境有着极为密切的关系，现在我们可以说，营利的生活方式与任何单独的世界观之间不再存有任何必然联系的问题了。实际上，资本主义制度已经不再需要任何宗教势力的推动了，尽管宗教在它们可以影响的范围内还在试图对经济生活加以影响，但是这种影响与国家制定的资本主义规章制度相比，只能算是一种不正当的干涉。在这种环境下，个人的商业和社会利益就常常决定了它们的观点和态度。任何人如果不能将自己的生活方式与资本主义环境相适应，那么他必将破产，或者至少不能发迹。不过，只有在现代资本主义占领了统治地位，并且从那些旧式的支持者那里解放出来的时候，这种现象才会出现。但是，资本主义当初仅仅只是联合了萌芽中的现代国家，就一度摧毁了中世纪管制经济生活的那些旧模式；我们可不可以暂时这样说，如果当初资本主义联合的是宗教势力，那么情况也会一样。而情况是否真是这样，并且为什么会是这样，这就是我们的调查要解决的了。将赚钱作为其自身的目的，并将其作为一种天职去履行，这种观念与世间所有伦理见解都大相径庭，这一点几乎可以完全确定。“你们很难取悦上帝”这一教理曾被写入教会法并适用于商人的活动，这一教理在当时（正如福音书关于利益的章节中写的）被认为是教会的真实态度。还有圣托马斯对获利欲望的描述，他称之为“污秽”（这一术语实际上还带有“不可避免”的含义，因此在伦理上为营利做了辩护）。其实这些都已包含了天主教在教义方面对金融权力做出的极大让步（与群体中更为广泛也更为激进的反货殖论观点相比）。正是依靠这些权力，教会才在意大利城市中获得了如此友好的政治联系。即便是在那些仍然按照现实来理解这一条教理的地方，例如佛罗伦萨的安东尼，总有一种挥之不去的情绪，认为这种为了营利而营利的行为根本上就是一种令人厌恶的行为，之所以能够容忍这一行为的存在，只是因为它是现世生活中一些不能改变的必需品罢了。

当时一些道德学家，特别是唯名论派的道德学家，接受了已经发展起来的资本主义商业形式，认为它是必然要发生的事物，同时他们还试图证明这一形式，特别是商业形式的必要性。虽然不乏矛盾，但是他们还是把从这一形式中发展出来的勤勉视为利益的合法来源，因此得到了道德上的认可。但是占主导地位的教义却将资本主义的营利精神指为“污秽”，或者至少不能给它一个积极的伦理认可。像本杰明·富兰克林那样的伦理态度在当时简直是无法想象的。而这种态度首先是资本主义范围内部的一种态度。只要他们还依旧坚持教会的传统，他们毕生的事业最好也不过是在道德上没什么成果的事情。虽然他们的工作被允许存在，但是这种工作总是存在触犯教会的高利贷禁条的危险，仅仅根据这一点，就在某种程度上危害到了他们的救赎。资料表明，临终的富人们将相当大数额的财产以赎罪金的方式捐给教会，甚至还有人把从债务人那里不法所得的高利贷返还回去。这种情况以及被社会指责的异教倾向和其他倾向，只有在商业贵族中那些已经摆脱了传统束缚的人中间才不会发生。但即便是那些怀疑论者和对宗教漠不关心的人，也会通过一些捐赠以期与教会达成一定的调和，而这样做的目的是为了防止他们在去世后面临可能的意外，或者是为了通过对教会戒律表面上的服从，保证自己得到救赎。对于他们这些身处其中的人来说，他们做过的那些与道德无关的行为和不道德的行为就大白于天下了。

那些在过去至多是在伦理上得到容忍的活动，今天在本杰明·富兰克林那里怎么就成为一种天职了呢？这要通过历史来解释，14 和 15 世纪的佛罗伦萨，是所有强大政治力量的货币和资本市场，此种态度在这里是不能被伦理所认可的，或者至多可以被容忍。但是在 18 世纪宾夕法尼亚的偏僻狭小的资产阶级环境中，交易仅仅是由于资金短缺就险些被退化成实物交易了，这里几乎没有大型企业的征兆，能找到的也不过是银行业务最早期的萌芽，同样的态度在这种环境下却被认为是道德行为的本质，甚至被当作是一种必须履行的职责。如果说这种情况是物质条件在“观念上层建筑”中的一种反应，那就完全没有任何意义了。人们将直接而明显的营利活动作为一种天职，而把这种天职当作是他们的伦理职责，正是这种观念为新型企业家的生活方式创造了伦理基础和正当理由，而这种观念的背景到底是什么呢？

许多学者（特别是桑巴特）通过他们明智而有效的观察，已经将经济理性主义描述成作为整体的现代经济生活中的一个突出特征。如果它所指的是依据科学观点的指导，在生产过程中摆脱了人类个体自然的身体局限，从而使劳动生产力得以提升，那么这无疑是正确的。当今这种在技术和经济组织形式领域的理性化过程，无疑决定了现代资产阶级社会的生活观念中非常重要的组成部分。他们在理性的劳动组织形式内，为了给人类提供物质财富而努力工作，毫无疑问这代表了资本主义精神，同时也是他们毕生工作最为重要的意义之一。例如，我们只需读一读富兰克林关于他努力提高费城城市水平的记述，就可以清楚地理解这一明显事实。对于现代商人来说，为成千上万的人提供就业，在人口数量增长和贸易额扩大方面（这些与资本主义相关的领域）为家乡的经济进步作出贡献，他们在这些过程中所体会到的快乐和骄傲，显然就是他们那种特殊的而且无疑是理想主义的满足感。与之相似，个人主义的资本主义经济的基本特征之一，就是在严格计算的基础上把经济行为理性化，由远见和谨慎引领他们走向经济成功；这与农民勉强糊口的生存状态形成了尖锐的对比，同时也与手工行业和投机商的资本主义中那些享有特权的传统主义截然相反，因为他们的经济活动是以利用政治机会和非理性的投机为基础的。

因而，看似资本主义精神的发展最好是被当成理性主义整体发展的一部分来理解，这可以从理性主义对人生观的基本立场中推导出来。在理性主义的发展过程中，新教主义可能被认为只是在纯理性主义哲学创建以前做了一些贡献。但是，任何认真贯彻这一论点的尝试都证明，通过这种简单方法提出问题是行不通的，因为理性主义的历史证明，这一发展在生活的各个部门中是不可能齐头并进的。例如私法的理性化，如果我们将它看做是对法律内容的逻辑简化和重新整理，那么这种成就早在古代后期的罗马法中就已经达到了迄今为止最高的高度了。但是私法的理性化在一些经济理性化程度极高的国家却保持着十分落后的状态，特别是在英格兰，罗马法的复兴被一些实力雄厚的法律团体所战胜，即便它在南欧的天主教国家享有崇高的地位。18 世纪的世俗理性哲学并不单独偏爱或者主要存在于那些资本主义发展水平最高的国家之中。伏尔泰的学说即使到了今天，依旧是拉丁语天主教国家中众多上流社会以及实际上更为重要的中产阶级的共同财产。最后，如果实践理性主义将其理解成一种无时无刻地从自身的世俗利益层面观察和评价世界的态度，那么这种人生观过去以及现在都是那些具有自由意志的民族的独特特质，比如标准的意大利人和法国人。但是我们已经确信，这里的土壤，绝对

伏尔泰（Voltaire，1694—1778），法国启蒙思想家、哲学家。

不能使一个人与他的天职之间那种使命关系茁壮成长，而这对于资本主义来说必不可少。事实上，人们可以依据根本不同的观点并朝着完全不同的方向将生活理性化，尽管这一简单命题常常被遗忘，但是它应该被放在每一篇关于理性主义研究的论文的最前面来进行研究。理性主义是一个历史的概念，它涵盖了整个世间各式各样的事物。我们的任务将会是寻找理性思想这一独特的具体形式是谁的智慧结晶，这种天职观念和在天职中献身于劳动的观念，尽管在纯幸福论的个人利益那里，它们是非常不理性的，但是这种观念已经发展成为，并将一直是我们资本主义文化中最为典型的要素之一。这里我们最为感兴趣的正是这种非理性要素的起源，而它就存在于这种观念以及所有关于天职的观念中。

第三章　路德的“天职”观：本书的研究任务

经典名句

- 相比于天主教的态度，宗教改革的影响只是使那些为了履行天职而进行的有组织的世俗劳动得到越来越多的道德重视和宗教认可。
- 尽管没有路德个人宗教思想的发展，宗教改革是不可想象的，而且这一改革在精神层面上长期受到路德个人品格的影响，但是如果没有加尔文主义，路德的工作就不可能拥有持久而具体的成功。

德语中的“Beruf”（职业、职务），以及英语中可能更为清楚的“calling”（天职、感召）都至少蕴含一种宗教观念，即上帝留给人类的任务，这一点是显而易见的。越是在具体的案例中强调这个词，这个词的内涵就越清晰。如果我们在文明语言中追溯一下这个词的历史，就会发现不管是在主要信奉天主教的民族还是在那些古典民族的语言中，都没有任何与我们所知的这种天职（有明确工作领域的毕生事业）类似的表达，而这存在于所有主要信奉新教的民族的语言中。或许我们还能发现，这种情况并不是相关语言的任何种族特性所引起的。例如，这个词不是日耳曼精神的产物，但是出自《圣经》德语译文的这个词的现代意义，体现的并不是《圣经》的原意，而是译者精神的体现。在路德翻译的《圣经》中，“天职”一词的现代含义被首次明确地使用在了《西拉书》（第十一章，第二十和二十一节）中。自那之后，在所有新教民族的日常讲话中，天职的这一现代含义就被迅速地普及了，尽管在此之前，哪怕是有关这一含义的暗示，在世俗文学甚至在宗教著作中都不曾有过，就我所能查明的范围而言，这一含义仅是曾经出现在一位德意志神秘主义者的论述中，这个人对路德的影响是众人皆知的。

正如这个词的含义那样，这是一个新观念，是宗教改革的产物。这可能是一个共识。诚然，对于天职观中所包含的对现世日常活动的积极评价来说，其某些暗示早已存在于中世纪，甚至是古希腊晚期。我们之后会谈论到这一情况。但是至少有一种情况无疑是新出现的，即把履行世俗事务的责任，看做是个人道德活动所能采取的最高形式。这就必定使日常世俗活动被赋予了宗教意义，并在此意义上首次提出了“天职”这一观念。天职观念也因此阐释了所有新教教派的核心信条，那就是摒除天主教伦理戒律中的“命令”和“劝勉”。上帝唯一能够认可的生活方式并不是通过隐修禁欲主义来超越世俗道德，而是履行个人在现世中所处位置所赋予他的义务。这是他的天职。

路德是在他作为改革家开始活动的最初十年中提出这一观念的。一开始，路德和中世纪盛行的传统是保持一致的，例如他和托马斯·阿奎那一样，认为世俗的活动是肉体的事情，尽管其意志是由上帝支配的。世俗活动是有信仰的生活中必不可少的自然条件，但是它就像吃饭和喝水一样，是道德中立的。然而随着“因信称义”这一观念在世俗活动各个方面的发展及其逻辑结果，路德越发尖锐地强调天主教修道士的福音劝勉是受到魔鬼支配的，这就使得天职

托马斯·阿奎那（Thomas Aquinas，约1225—1274），中世纪经院哲学家和神学家。

观念的重要性日益增强。路德认为隐修生活不仅没有价值，不能成为他们在上帝面前称义的途径，而且他还认为修道士抛弃现世职责是他们自私的产物，是对世俗义务的逃避。相反，履行天职的劳动在路德看来是胞爱的外在表达。对此，他通过观察劳动分工促使每一个人都为他人而劳动的情况加以证明，但是他的观点太过朴素，从而使其与亚当·斯密针对同一问题的知名论述形成了一种近乎奇异的对比。然而，这种本质上显然是经院哲学的称义，很快就再次销声匿迹了，而得以保存下来并越发被加以强调的，是关于履行现世职责是在所有情况下上帝唯一能够认可的生活方式的论述。这种生活方式，并且只有这种生活方式才是上帝的意志，因此每种正当的天职在上帝看来都有完全等同的价值。

亚当·斯密（Adam Smith，1723—1790），英国古典政治经济学家，现代经济学的先驱，著有《国富论》和《道德情操论》等。

这种为世俗活动进行的道德辩护是宗教改革最为重要的成果之一，它尤其存在于路德倡导的改革部分中，这些都是毋庸置疑的，有时甚至还被当做陈词滥调。这种辩护的态度完全移除了帕斯卡在冥思状态下对一切世俗活动的深恶

布莱士·帕斯卡（Blaise Pascal，1623—1662），法国著名数学家、物理学家、哲学家和散文家，著有《思想录》。

痛绝，这些活动在帕斯卡看来只能被理解为虚荣心和拙劣的狡诈。而它也和耶稣会会士与世俗妥协的自由功利主义相距甚远。但是对于新教的这一成就来说，它究竟有什么具体的实际意义，人们没有清楚地认知，有的仅仅是一种模糊的感觉。

首先，几乎没有必要指出的是，路德不具备资本主义精神，不管它是我们上文提到的那种意义上的精神，还是任何其他意义上的精神。今天那些狂热地赞美宗教改革成就的宗教界人士，是在任何情况下都绝对不会对资本主义表示友好的。毫无疑问，路德本人也坚决否认自己与任何类似富兰克林那样的观点有半点联系。当然，我们不能将他对他那个年代的大商人（如富格尔家族）的指责当作这一例子的证据。在16、17世纪，针对个别大型贸易公司在法律上或者实际上的特权地位所进行的抗争，最适合与现代的反托拉斯运动进行比较，而且这一斗争本身就是再正确不过的对传统观点的表达。在反对这些享有特权的人，以及在反对由英国国教、英格兰和法国的国王及议会支持的从事金融业的伦巴第人、垄断者、投机者和银行家的过程中，清教徒和胡格诺派教徒都进行了艰苦的斗争。邓巴战役（1650年9月）之后，克伦威尔在写给长期国会的信中说道："（我）愿意对所有行业的不正之风进行改革：如果少数人的富裕是建立在任何

奥利弗·克伦威尔（Oliver Cromwell，1599—1658），英国政治家、军事家、宗教领袖。

人的贫穷的基础之上，那么它是与共和国相背离的。”但是尽管如此，我们会发现克伦威尔遵循的是一条非常特殊的资本主义推行思路。另一方面，路德的许多关于反对高利贷和各种形式的利息的论述所体现的他关于资本主义营利本性的观念，从资本主义的视角看来，这种观念相较于晚期经院主义对资本主义的观念，显然是比较落后的。当然，特别是那个已经被佛罗伦萨的安东尼驳倒了的金钱无益论，也是落后的。

但是对此我们没必要深究。因为首先，有关宗教意义上的天职观对世俗行为的影响，容易产生迥异的解释。相比于天主教的态度，宗教改革的影响只是使那些为了履行天职而进行的有组织的世俗劳动得到越来越多的道德重视和宗教认可。而表现这一变化的天职观，其进一步的发展应该依赖于今天在各个新教教会中进行的宗教演化。尽管路德认为他从《圣经》的权威中获得了他的天职观，但是《圣经》的权威总体上是有利于传统主义的解释的。特别是《旧约》，虽然在真正的先知书中没有迹象表明一种超越世俗道德的倾向，这在其他地方有的也仅仅是一些雏形和暗示，但是《旧约》包含了一种完全是在传统主义意义上的类似的宗教观念。每个人都应该安分守己，让无神论者去追求财富吧。这是所有关于世俗活动的论述都要表达的意思。直到《塔木德经》的出现，一种具有部分差异性但在本

《塔木德经》（*Talmud*）为犹太教法典，是仅次于《圣经》的典籍，内容包括犹太教的律法条例、传统习俗、祭祀礼仪等。

质上又不是完全相异的态度才被发现。通过典型的古代东方祈求——“请今天赐予我们日用的食粮”，基督的个人态度被刻画为具有绝对的纯洁性。这种对现世彻底否定的元素，正如“不义之财”所表达的，使得现代意义上的天职观是不可能建立在基督个人权威的基础之上的。在《新约》中提到的使徒时代，特别是在圣保罗时期，由于最初的几代基督徒都充满了对于末世的期盼，所以基督徒们对于世俗活动的态度要么是漠然置之，要么至少在本质上是传统主义的。鉴于所有人都简单地在等待上帝的到来，他们就只需要呆在原地，继续在上帝召唤他们从事的世俗职业中如往常一样地工作，之后就别无他求了。因此他就不会给他的兄弟增添负担，成为被施舍的对象，而且这一切马上就会结束。路德是根据自己的态度去理解《圣经》的；在 1518 年至 1530 年他的思想进一步发展的时期，他不仅保持了传统主义的态度，而且变得更为保守了。

在他作为改革者的最初几年，由于他认为天职首先是对于肉体而言的，就世俗活动的形式而言，它被一种态度所左右，而这一态度与《新约·哥林多前书》（第七章）中使徒圣保罗的末世论对现世漠然置之的态度关系密切。任何社会阶层中的人都能获得救赎；在朝圣的短暂生命中，人们不用将重点放在职业形式上。因此，追求超出个人需求部分的物质利益必然是一种缺乏上帝恩典的表现，同时由于这种利益的获得只能以损害他人的利益为代价，所以会遭到直接的谴责。随着路德越来越多地参与到了世俗事务中，他也开始越来越高地评价现世的工作。另一方面，对于个人从事的具体天职，路德越来越认识到人们履行这些神意安排的特殊职责，是上帝的专门的旨意。而在经历了与宗教狂的冲突和农民暴动之后，对于上帝为每个人安置的客观历史阶层，路德越发认为这是神意的直接显现。他越来越强调神意的因素，甚至强调神意在生活中对具体事件的影响，这就使他日益倾向于一种源于神意观念的传统主义解释。个人应该一直安分地保持上帝安排给他的身份和天职，并且应该根据已经被安排好的身份限制自己的世俗活动。鉴于路德的经济传统主义最初就是圣保罗漠视世俗的结果，他的思想到后来越发强烈地体现了对神意的信仰，使得他认为绝对服从神的意志与绝对接受现状是一致的。从这一背景出发，路德不可能在世俗活动和宗教法则之间建构起一种新的，或者说在任何情况下都是基本的联系。路德赞同教义的纯洁性是教会绝对正确的评判标准，而这种赞同在他经历了（16世纪）20年代的斗争之后就变得越来越不可更改了，以至于对路德发展的有关伦理问题的新观点来说，它的意义已经全部在于此了。

由此可知，路德的天职观仍旧保持着传统主义的性质。他的天职观所指的是人们必须接受的神的旨意，每个人都必须调整自己以适应这一法令。这一点的重要性超过了路德的天职观中另外存在的一种思想，在那种思想中人们履行的天职是上帝安排的任务，更精确地说是上帝安排的唯一任务。这一思想在它之后的发展中，得到了正统信义宗教义的更多强调。因此，暂时来看，路德的天职观带来的伦理影响是消极的；世俗的职责不再从属于禁欲的责任；宣扬服从权威和安于现状。在这种信义宗语境下的天职观，对于德意志的神秘主义者来说，他们早在路德之前就已经在相当程度上预见到了这一观念，这一点我们会在论述中世纪宗教伦理的时候进行说明。特别是陶勒（Johannes Tauler）认为宗教职业和世俗职业有着同等的价值，由于人的灵魂已经全神贯注地进入了对圣灵的冥思，这就导致人们降低了对传统形式的禁欲苦修的评价。在某种程度上，信义宗意味着对神秘主义的一种倒退，相较于神秘主义者，路德及其教派部分削弱了理性伦理的心理基础。（神秘主义的这一观点在一定程度上使人回想起虔信派和贵格会的宗教心理。）这恰恰是因为他不得不怀疑禁欲主义通过工作获得救赎的自律倾向，所以他和他的教派被迫将其掩藏在越来越隐蔽的位置。

陶勒（Johannes Tauler，1300—1361），德国神秘主义神学家。

因此，仅就信义宗意义上的天职观来说，它对于我们的研究所具有的重要性，至少是值得怀疑的。这是我们在这里所要明确的。但是恰恰相反的是，我们绝对不是说信义宗所革新的宗教生活方式对于我们的研究就不具有实际意义。只是这层意义显然不能从路德和他的教派对于世俗活动的态度中直接提取出来，而且总的来说，它们之间的关联比起这层意义与新教其他分支的关联来说，可能不是很好理解。因此，我们下一步要选取的研究目标，最好是那些在实际生活和宗教动机的关系上，相比信义宗更容易被理解的宗教形式。在此之前，我们已经提到加尔文宗和新教其他宗派在资本主义发展史中所起到的作用是令人瞩目的。正如路德发现在茨温利那里发挥作用的精神与自己的精神不同一样，路德的精神继承者也发现加尔文主义有着不一样的精神。而天主教直到今天都将加尔文宗视为其真正的对手。

茨温利(Ulrich Zwingli,1484—1531)，瑞士基督教新教改革运动的改革家之一。

现在我们或许可以从政治上对此进行部分的解释。尽管没有路德个人宗教思想的发展，宗教改革是不可想象的，而且这一改革在精神层面上长期受到路德个人品格的影响，但是如果没有加尔文主义，路德的工作就不可能拥有持久而具体的成功。然而，加尔文宗对天主教和信义宗同样的抵触，至少要部分地归因于加尔文主义的伦理特性。仅仅通过表面的观察就可以发现，对于宗教生活和世俗活动之间的关系，加尔文主义与天主教教义和信义宗教义的看法都完全不同。实际上，在由纯宗教因素激发创作出来的文学作品中，这种情况也是非常明显的。譬如，在《神曲》的最后部分，诗人寂静地站在天堂里顺从地冥思着上帝的玄妙，这可以与被称作“清教主义神曲”的《失乐园》进行对比。弥尔

但丁与《神曲》

顿在描写完亚当和夏娃被驱逐出天堂之后，他以这样的方式结束了《失乐园》的最后一曲：

他们二人回头望着，

自己原处的幸福乐园的东侧，

那上面挥动着火焰的剑；

门口布满面目可怖、带着火器的队伍。

他们的眼泪夺眶而出，但是很快就擦拭了：

整个世界被放在他们眼前，

让他们选择安身的处所，且有神意的指引。

在这一段稍往前面一点，大天使米迦勒对亚当说：

……只要

将你的知识和实践相结合，

加上信仰、德行、忍耐、节制，此外还加上爱，就是后来叫做“仁爱”的，是其他一切的灵魂：

这样，你就不会因离开这个乐园郁郁寡欢，

而在你的内心另有一个远为快乐的乐园。

弥尔顿（Milton，1608—1674），英国诗人。

人们马上会觉察到，这种关于清教徒重视现世、承认人活在现世中是一种使命的强有力的表达，不可能出自一个中世纪作家的笔下。但是这种观点与信义宗的观点也不相投，正如路德和保罗·格哈德（Paul Gerhard）各自的赞美诗中所体现的那样。现在我们的任务就是以一种稍微准确一些的逻辑陈述来取代这个模糊的感觉。而把它归结到民族性格上的人，只能被看作是无知的表现，况且在这里也是没有根据的。如果说17世纪的英国人具有统一的民族性格的话，那只能是在篡改历史。骑士党（Cavaliers）和圆颅党（Roundheads）不仅声称彼此是两个完全不同的党派，而且各自的党员也是完全不同的两类人群，对于任何对此做过细致研究的人来说，都会认同他们的看法。另一方面，我们目前还没有发现英国投机商人和古老的汉萨同盟中的商人之间存在着怎样的性格差别；同样我们也找不出在中世纪末期，英国人和德意志人在性格上有什么本质的差异，而这种差异不能简单地通过他们不同的政治历史来解释。之所以会产生今天我们意识到的这些差异，正是因为宗教影响的力量——虽然它不是唯一的原因，但它是最主要的原因。

因此，我们把加尔文、加尔文宗以及其他清教派别作为起点，来研究早期新教伦理与资本主义精神的关系。但是这不等于说我们寄希望于在这些宗教运动的奠基人或者代表中间，找到什么人能够把推动我们称之为资本主义精神的发展当做是他们毕生工作的目的。我们同样不能认为在他们中间会有什么人能够把追求世俗利益作为这一追求本身的目的，并认为这种行为具有积极的伦理价值。一个需要时刻铭记的要点是，伦理改革的计划永远不会成为任何宗教改革者关注的中心（为了我们的研究，这里应该包括门诺、乔治·福克斯和卫斯理）。他们既不是伦理文化团体的创建者，也不是推进社会改革或者描绘文化理想的人道主义计划的支持者。灵魂的救赎，并且只有灵魂的救赎才是他们生命和工作的中心。他们的伦理理想和他们学说的实际结果都将灵魂的救赎作为唯一的基础，而且它们都是纯宗教动机驱动下的产物。因此我们不得不承认，对于这些改革者来说，宗教改革产生的文化效果在很大程度上，特别是在我们主要研究的方面，是无法预知的，甚至是他们所不愿意看到的。这些效果往往与他们预期获得的效果大相径庭，甚至是相互矛盾的。

由此，接下来的研究或许会通过一种朴实的方法，帮助我们理解观念是以何种方式成为历史上实实在在的力量的。然而，为了避免在任何情况下误解纯粹观念动机所产生的效力意义，请允许我略微做一点评论，用以结束这一介绍性的论述。

在这样的研究中可以明确阐明的是，我们并不打算在任何意义上评价宗教改革的思想，不管是关乎它们的社会价值还是宗教价值。我们不得不继续研究宗教改革中的那些被真正的宗教意识认为是偶然的甚至是浅薄的方面。因为我们仅仅是要尝试厘清宗教力量在我们特殊的世俗现代文化这一方兴未艾的网络的塑造过程中，以及在众多不同的历史因素的复杂互动下所起到的作用。因此，我们要调查的是在什么范围内，这种文化中的某些特质可以归因于宗教改革的影响。同时，我们必须摆脱一种观念，那就是作为历史的必然产物，宗教改革可以从某些经济变革中推导出来。无数的历史情况，特别是纯粹的政治过程，是不能被简化成任何经济法则的，也不可能适用于任何经济解释，它们必须协作一致才能使新产生的教派得以存续。

另一方面，无论如何我们无意坚持一种愚蠢而教条的论点，即资本主义精神只可能是宗教改革引发的某些效应的产物，或者资本主义作为一种经济制度是宗教改革创造出来的。众所周知的是，某些重要的资本主义商业组织形式比起宗教改革来有着更为悠久的历史，这一事实本身就足以反驳那种观点。与之相反，我们只是希望能够查明宗教力量在资本主义精神的性质确定以及其在全世界范围内扩散传播的过程中，是否起到了作用、起到了多大的作用。此外，还希望可以明确的是资本主义文化中的哪些具体方面可以追溯到宗教力量的影响。鉴于在物质基础、社会和政治的组织形式以及宗教改革时期盛行的观念这三者之间，有着太过复杂混乱的相互影响的关系，我们只好通过研究各种形式的宗教信仰与实际的伦理道德之间是否存在相互关系，以及在哪些方面存在相互关系，来开始我们的论述。与此同时，我们应该尽可能地阐明的是，宗教运动凭借这种关系在对物质文化发展施加影响的过程中，所使用的方法和总的影响方向。只有当我们合理而精确地理清了这一点时，才可能尝试去判断现代文化的历史发展在何种程度上可以归功于宗教力量的作用，在何种程度上要归功于其他原因。

第二部分　禁欲主义新教诸分支的实践伦理观

第四章　入世禁欲主义的宗教基础

经典名句

- 宗教信徒可以通过感知自己是盛放圣灵的花瓶或者是执行神意的工具，来确信自己已经蒙受天恩。当他感知自己是盛放圣灵的花瓶时，他的宗教生活会趋向于神秘主义和感性主义，而当他感知自己是执行神意的工具时，则会趋向于禁欲主义；路德的立场接近于前一种类型，而加尔文主义则明确地属于后者。
- 循道宗的新生观念仅仅是为纯粹的善行教义提供了一种补充，在抛弃了预定论之后，为禁欲主义行为创造了一个宗教基础。
- 宗教团体（宗教改革运动中各教会所言的有形教会）不再被视作是寻求超自然目标的一种信托机构，不管这种信托机构是（加尔文宗的）为了增添上帝的荣耀，还是（天主教和信义宗的）为人类提供获得救赎方法的媒介，它都必然包括义人和非义人；而只是被视作由那些相信新生的信徒们组成的团体，并且这种团体仅仅是由这些信徒构成。换句话说，这种宗教团体不再是一种教会，而成为了一种教派。

宗教改革纪念墙

历史上一直存在四种主要的禁欲主义新教形式（本文意义上的新教）：（1）加尔文宗，指在西欧特别是在17世纪西欧的主要地区产生影响的宗教形式；（2）虔信派；（3）循道宗；（4）从浸礼运动中派生出来的诸教派。这些宗派运动之间的区别并不是绝对的，甚至它们与宗教改革中那些非禁欲主义的教会都没有明显的区分。首次兴起于18世纪中叶的循道宗是从英国国教中发展起来的，但是对于它的创建者来说，他的本意并不是要建立一个全新的宗派，而是致力于在英国国教内部重新唤起禁欲主义精神。只是在循道宗自身的发展过程中，特别是当它传播到了美国之后，才最终从英国国教中分离出来。

菲利普·雅各·斯彭内尔（Philipp Jacob Spener，1635—1705），虔信派主要代表人物。

虔信派最初是从英国，特别是荷兰的加尔文运动中分离出来的。它过去与正统教义保持着松散的联系，通过细微的渐变最终于17世纪在斯彭内尔的领导下并入了信义宗。尽管在教义的调整上不甚理想，但是虔信派就此成为信义宗

青岑多夫（Nikolaus Ludwig von Zinzendorf，1700—1760），德国神学家，虔信派另一代表人物。

的一个派别。只有青岑多夫创建的摩拉维亚兄弟会（长期受到胡斯派和加尔文宗的影响）如同循道宗一样，被迫建立一个特别的宗派。加尔文宗和浸礼宗在各自发展的初期是尖锐对立的。但是当浸礼宗发展到17世纪后半叶的时候，两个宗派的联系变得密切起来。实际上在17世纪初期，英国和荷兰独立派各个派别的转变也是循序渐进的。正如虔信派也是渐进式地转向信义宗，而加尔文宗和英国国教的关系同样如此，只不过英国国教不论在外部特征上，还是在它那些最合乎逻辑的信徒所具有的精神上，都更趋近于天主教。众多信徒，特别是禁欲运动最为坚定的支持力量——清教主义（一个相当模糊的词的最大含义）都曾经抨击过英国国教的宗教基础；但是即使是这样，它们之间的区别也只是在斗争中慢慢显现的。虽然我们暂时完全忽视了政府和组织这类我们不感兴趣的问题，但是事实依旧如此。教义之间存在的差异（最重要的如有关预定论和称义论的差异）错综复杂地交织在一起，虽然也有例外情况，但直到17世纪初期，这些差异还

胡斯（Jan Hus，1369—1415），捷克宗教思想家、哲学家，15世纪初捷克布拉格查理大学教授兼校长。1415年胡斯在康斯坦茨宗教会议上以异端罪被处火刑。其追随者统称胡斯派。

一直阻碍着教会内部的统一。最为重要的是，我们所感兴趣的道德行为类型，在纷繁复杂的各派信徒那里都呈现出了相似的形式，而这些教派要么是派生于上面提到的四种宗教来源之一，要么是源自上述某些来源的综合体。我们会发现类似的伦理准则可能与完全不同的教义基础相联系。同样地，对于重要的用以拯救灵魂的文字工具来说，特别是各个宗派的决疑论手册，随着时间的推移也在互相影响着；尽管各宗派在实际生活规范上大相径庭，但人们还是可以在其中找出很多相似点。

这似乎好像是说，我们最好完全把教义基础和伦理理论忽略掉，并将我们的关注点聚焦在我们能够划定的道德实践范围内。然而这是不可能的。的确，禁欲道德的各种不同教义根源在经历了激烈斗争之后都消失了。但是它们与这些教义的传统联系在后来的非教条伦理中留下了非常重要的印迹；更何况，只有了解了这些思想的原始形态，才能帮助我们理解禁欲道德与理想世界观念的联系，而这一观念在那个时代完全主宰了所有属灵的人。倘若没有这种足以笼罩一切的力量，当时也就不会出现这种对实际生活具有显著影响的道德觉醒。

我们自然不会关注那时的伦理手册中以理论的和官方的方式展示给我们的事物，纵使这些东西通过教会戒律、牧师工作和讲道的影响产生了很大的实际意义。我们真正感兴趣的是一些与此完全不同的事物：从宗教信仰和宗教实践中形成的心理约束力的影响，这种影响规定了实践行为的方向，并且约束每个人的行为都要沿着这一方向进行。现在这些约束力在很大程度上都源自它们背后的宗教观念的某些特质。那时的人们对抽象的教义情有独钟，而在一定程度上，只有当我们认识到了这种教义与实际宗教利益的关系时，我们才可能将其理解清楚。因此对教义进行一些评论，尽管对于不做神学研究的读者来说有些无趣，而且对于神学家来说也有些草率和浅薄，但是这些是不可或缺的。当然，我们只能在理想类型的简单人造模型中呈现这些宗教观念，这些理想类型是历史上最为完美但也是最为少见的。鉴于在历史的实在中无法画出明确的界限，因此我们只能寄希望于通过研究这些宗教观念最稳固、最具逻辑性的形式，来理解它们特殊的重要意义。

一、 加尔文宗

在16世纪和17世纪，加尔文宗作为一种信仰，在最为发达的国家荷兰、英国和法国，引发了重大的政治和文化斗争。正是因为这一点，我们将加尔文宗放在第一个进行研究。在当时，总的来说也包括今天，预定论被认为是加尔文宗最为典型的教理。的确，关于预定论是否是归正宗教会（即加尔文宗。——译者）最基本的教理，抑或仅仅是一个附属品，这是存有争论的。对于历史现象重要性的判断，可以通过价值判断或者信仰判断来进行，换句话说，可以根据这一历史现象引人注意的关注点，或者根据长久以来它的价值所在来进行判断。抑或，从另一方面看，还可以参考它作为一个主要因素对其他历史进程所发挥的影响来进行判断。于是，我们的判断就成了历史归因的判断。如果我们从后一种立场出发（在此我们必须这样做），来研究预定论这一教理的意义，那么由于它在文化和历史上的重要地位，它理应得到非常高的评价。奥尔登巴内费尔特领导的运动就是被这一教理粉碎的。英国国教的分裂，也是由于在詹姆斯一世时期，王权和清教徒针对这一教理的分歧而变得无法挽回。预定论一次又一次地被看做是加尔文宗中真正具有政治威胁的因素，而遭到当权者的攻击。17 世纪的重要宗教大会，尤其是多德雷赫特和威斯敏斯特的宗教大会，都将提升预定论教理使其成为教法权威，作为他们会议的中心议题，更不用说其他小型会议了。预定论对于教会中无数斗争英雄来说具有强大的号召力，在 18 和 19 两个世纪中，它引发了各种教会分立，而且还吹响了伟大的新觉醒的号角。因此我们不能忽视这一教理。由于今天不是所有受过教育的人都对预定论有所了解，我们学习它的教义内容最好的办法就是借助 1647 年《威斯敏斯特信纲》(*Westminster Confession*)中的权威说法，而就这一点而言，独立派和浸礼宗的信条就是简单地重复这一信条而已。

约翰·范·奥尔登巴内费尔特（Johan van Oldenbarneveldt，1547—1619），荷兰联省共和国首相、大议长，杰出的政治家。

第九章（论意志的自由）第三条：因堕落在罪中，要行与得救相关的属灵的善事，人在意志上已经完全丧失了这样的能力；因此，他既是属乎血气的人，心中完全与善为敌，死在罪中，所以，他无法靠他自己的力量归正，也不能预备自己归正。

第三章（论上帝的永恒预旨）第三条：按照上帝的预旨，为了彰显他的荣耀，上帝预定有些人和天使得永生，而其余的人则受永死。

第五条：那些在创世以前被预定得永生的人，是上帝按其永恒、不变的目的，及其隐秘的计划和他自己的美意，在基督里拣选了他们，使他们得永远的荣耀。这预定惟独是由于上帝慷慨的恩典和慈爱，并非因为他预见到他们的信心或善行，或是预见到他们在信心与善行上的坚忍，或是预见到人身上其他任何因素，这些都不是上帝预定他们的条件或原因；这一切都是为了使他荣耀的恩典得着称赞。

第七条：至于其余的人，上帝照着他那不可测度的计划，施予或保留怜悯，为了使他对受造者的主权，得着荣耀，他随己意撇弃他们，并命定他们因自己的罪受羞辱，遭忿怒，使他荣耀的公义得着称赞。

第十章（论有效的恩召）第一条：上帝惟独对那些预定得永生的人，才按他自己的美意，在他所指定和悦纳的时候，藉着他的道和灵，有效地召唤他们（使他们脱离与生俱来的罪和死亡）……在属灵与得救的事上，上帝光照他们的心思意念，使他们得以明白关乎上帝的事；除掉他们的石心，赐给他们一颗肉心；使他们的意志更新而变化，用他的大能使他们定意向善……

第五章（论天命）第六条：上帝是公义的审判者，他对那些不虔不义的人，因他们过去所犯的罪而使他们眼瞎心硬，不仅不施恩给他们，而这恩典本可使他们的悟性由此得蒙光照，从而使他们的心软化，而且有时他也收回他们已得的恩赐，并任凭他们遭遇各样他们的败坏用于犯罪的事；同时，把他们交付于他们自己的私欲、世俗的引诱和撒旦的权势：因此，甚至那些上帝用以软化别人心灵的工具，在他们身上反倒使他们的心肠变得更硬。

“纵使我可能被打入地狱，但是这样的上帝不能让我尊敬。”这是弥尔顿对这一教义最为知名的看法。但是我们这里的目的并不是评价这一教义，而是要分析它的历史意义。我们只能简略地描述一下预定论的起源，以及它是如何嵌入加尔文神学体系的。

对此有两种可能的路径。自从奥古斯丁以来，在基督教中大量涌现出的最为积极而热忱的伟大膜拜者中都可以发现一种现象，即宗教意义上的恩典与一种确定性的感知相结合，这种确定性意指恩典只是一个客观力量的产物，而与个人价值毫不相关。

这种有力的感知就像是一种舒心的保证，使人们因罪恶感而肩负的巨大压力得以释放，它明显扭转了人们的观念，并且使他们不再相信恩典那无以抗拒的馈赠要归功于任何人们自己的合作，抑或与人们自己的信仰和意志所达到的成就或品质相联系的可能性。在路德最具宗教创造力的时期，也即他有能力写就《基督徒的自由》（*Freiheit eines Christenmenschen*）的时候，他同样非常肯定地认为上帝神秘的预旨是他得此宗教恩典的唯一和根本的来源。甚至在后来他也没有正式放弃这一信念。但是，这一信念并没有占据路德思想的中心位置，倒是随着他作为信义宗的领袖越发被推向现实政治斗争中后，越来越退居到不显眼的位置上去了。墨兰顿非常谨慎地避免接受《奥格斯堡信纲》（*Augsberg Confession*）中黑暗而危险的教义，对于信义宗的教会创立者们来说，恩典是可以撤销的，同时它也可以通过对人性的忏悔、对上帝的笃信不移以及圣礼重新获得。

奥古斯丁（Aurelius Augustine，354—430），古罗马帝国时期基督教思想家，欧洲中世纪基督教神学、教父哲学的重要代表人物。

墨兰顿（Philip Melanchthon，1497—1560），是马丁·路德的亲密战友、德国宗教改革家。

这一过程在加尔文那里，则正好相

反；对他来说预定论的意义是逐渐增大的，这在加尔文与他的神学反对者之间的争辩中有明显的体现。而这一教义直到他的《基督教原理》（*Institutes*）第三版时才得以充分地发展；也是在加尔文去世后，当多特雷赫特和威斯敏斯特两大宗教会议力图停止那些激烈的斗争时，这一教义才最终获得了中心地位。在加尔文看来，令人敬畏的预旨并不像路德那样源自宗教经验，而是出于他自己思想的逻辑需要；因此预旨的重要性就会随着这一宗教思想逻辑一致性的提高而增强。它的意义完全取决于上帝，而不在于人；上帝不是为了人而存在，相反人是为了上帝才存在。一切造物（当然包括对于加尔文来说确定的事实，那就是只有一小部分人被选择赐予永恒的恩典）都有他们各自的价值，并通过这些价值服务于上帝的荣耀和权威。运用世俗的正义标准来评价上帝至高无上的预旨是毫无意义的，也是对他无上权威的亵渎，因为他是自由的，也只有他才是自由的，不受任何法律的约束。只有当上帝愿意展露预旨的时候，我们才能够理解或者仅能够知晓它。我们所能掌握的只是这些永恒真理的碎片。一切事物，包括我们每个人命运的意义在内，都隐匿于冥冥的奥秘之中，而这是不可能被参透的，也是不容置疑的。

那些被诅咒的人抱怨自己命运的行为，就如同动物哀叹它们不能生而为人一样毫无意义。因为上帝用一条不可逾越的鸿沟将自己与肉体的一切分隔开来，只要他还没有为了他权威的荣耀而进行其他预旨，他就只会赐给它们永恒的死亡。我们只知道人类的一部分会得救，而剩下的只能被罚下地狱。如果假设人类的功绩和罪恶在决定人类命运的过程中会起到作用，那么这就意味着上帝绝对自由的预旨会受到人类的影响而改变，而预旨是早在永世中决意好了的，因此这是不能成立的自相矛盾。在《新约》中，天堂里的圣父非常仁慈又理解世人，他会为了一个罪人的悔改而感到欣慰，正如一个女人会为了一枚银币的失而复得而感到高兴一样，但是现在这样的圣父已经不存在了。取而代之的是一个先验的存在，他超出了人类能够理解的范围，他用他不可理解的预旨在永世中决定了每一个人的命运，并且规定了宇宙中一切的一切。鉴于上帝的预旨不可更改，因此那些上帝已经给予恩典的人就永远不会失去这一恩典，而上帝拒绝给予恩典的人也永远不可能获得恩典。

这种极度脱离人性的教义，必然对崇拜上帝非凡一致性的那一代人的生活产生影响。这种影响就是，他们每一个人都会感到空前的内心孤寂。对于生活在宗教改革时期的人来说，他生活中最重要的事情就是永恒的救赎，他被迫独自一人跟随他被预定的人生轨迹去面对那个已经为他预旨了的永世命运。没有人能帮助他。牧师不能帮助他，因为上帝的选民可以通过自己的心灵来理解上帝的预旨。圣礼不能帮助他，因为虽然圣礼是由上帝授命用以增加他的荣耀，每个人因此都必须谨慎遵守，但是不能通过这一方式获得恩典，圣礼不过是信仰的一个主观“外在补充”。教会不能帮助他，因为即使人们把“教会之外不得救赎”理解为不真正加入教会就永远不可能成为上帝的选民，但是那些虽然加入了教会而心灵却并不虔诚的教徒，也是注定要被罚下地狱的。他们应该属于教会、遵守教规，但是他们不能因此而获得救赎，这是不可能的，为了上帝的荣耀，他们也只好被迫遵守上帝的戒律。最后，甚至连上帝也不能帮助他们。因为连耶稣也仅仅是为了上帝的选民而死，为了选民的利益上帝已经在永世中预旨了耶稣的受难。这完全消除了通过教会和圣礼得到救赎的可能性，从而形成了一种与天主教截然不同的决定性差异。

宗教发展中的这一伟大历史进程，即祛魅或除魅，由古希伯来的先知们发起，之后与希腊的科学思想相融合，已经将所有意欲获得救赎的巫魅手段当作迷信和罪恶完全否定了，最后在这里得到了它的逻辑结论。真正的清教徒甚至会拒绝在坟墓前出现宗教仪式的任何迹象，在埋葬他至亲至爱的人时他们不需要挽歌或者其他形式，为的是杜绝迷信，消除那些通过巫魅和圣礼的力量获得救赎的观念。

对于那些已经被上帝拒绝的人来说，他们不仅不能借助巫魅来获得恩典，而且无论通过何种方法都是不可能的。结合了上帝绝对先验性的严酷教义和一切与肉体相关的都是堕落的观念，这种每个人内心中的孤独感一方面包含了清教主义对所有文化和宗教中的感官和感性元素都持完全消极的态度的原因，因为这些元素对获得救赎没有任何用处，而且还滋生了感伤的幻觉和偶像崇拜的迷信。因此这种孤独感为在根本上对抗所有样式的感官文化

理查德·巴克斯特（Richard Baxter，1615—1691），英国清教领袖、诗人、神学家。

提供了基础。另一方面，它为具有幻灭倾向和悲观倾向的个人主义打下了一个基础，这种个人主义甚至在今天都能从那些具有清教徒历史的民族的制度和民族性格中识别出来，而这与随后启蒙运动完全不同的看待世人的观点形成了显著的对比。在我们所关注的时代，即使作为一种教义，预定论的权威性也已经开始衰退，但是我们还是可以清晰地识别出它在生活中行为和态度的最基本形式上产生影响的痕迹。事实上，我们最为关注的是那种无比专一地信仰上帝的极端形式。譬如，这种形式会因为教会五次三番地告诫不要相信人们出于友谊的帮助而得以形成，这在英国清教徒的著作中更为明显。甚至连和蔼可亲的巴克斯特都劝告人们要对自己最好的朋友保持深深的怀疑，贝利也告诫人们不要相信任何人，并且不要对任何人作丝毫让步。只有上帝才应该是你的知己。与信义宗有显著区别的是，这种对于人生的态度同样与密室忏悔在所有加尔文宗盛行的地区销声匿迹有着联系，加尔文对密室忏悔的怀疑仅仅在于它有可能形成对圣礼的误解。这种事件有着极为重大的意义。

刘易斯·贝利（Lewis Bayly，1565—1631），英国清教主义者，著有《虔敬的实践》一书。

这是因为，首先，向牧师忏悔的销声匿迹是加尔文宗产生特定影响的表征。进一步讲，尽管信徒们定期释放罪恶感情绪的途径被堵死了，但是这却成了发展加尔文教徒的伦理态度的心理刺激因素。

这在日常生活的伦理行为方面产生的影响，我们随后会谈到。但是对于一个人总体的宗教环境来说，其影响是明显存在的。尽管为了得到救赎人们必须真正加入教会，但是加尔文教徒与上帝的交流却是在深深的精神孤寂中进行的。这种独特气氛所产生的特殊结果，我们只需要读一下班扬的《天路历程》(*Pilgrim's Progress*)，这部到目前为止在整个清教文学范围内最广为阅读的著作，就可以感受得到。书中有这样一段描写，当一个基督徒意识到自己生活在毁灭之城，并且他已经接受神的召唤要开始天路历程时，他的妻儿紧紧地抓住他不放，但是他用手指堵住耳朵高声哭喊“生命，永生”，随即蹒跚着奔向旷野。没有任何精致的辞藻可以超越这个补锅匠（指班扬）纯朴的感受，他在监牢中的这一著作，赢得了所有信徒的喝彩，因为这表达了一个虔诚的清教徒的情感，获得救赎是他们唯一的念头。这在某种意义上使人联想起戈特弗里德·凯勒的《正义的卡马赫尔》(*Gerechte Kammacher*)，书中描写了一个

约翰·班扬（John Bunyan，1628—1688），英国基督教作家、牧师，1778年出版《天路历程》一书。

戈特弗里德·凯勒（Gottfried Keller，1819—1890），瑞士德语作家。

基督徒和他的同伴在路上的热烈交谈。只有当他自己获得了救赎的时候，他才会想到如果他的家人能和他一起获得救赎该有多好。而同样的对于死亡和身后之旅的焦虑恐惧，在多林格笔下的里郭利的阿方索（Alfonso of Liguori）那里跃然纸上。这种对死亡的焦虑恐惧与马基雅弗利描述的那些佛罗伦萨市民的名望所展现的自豪的现世精神大相径庭，他们与教皇抗争、不畏被逐出教会的威胁，他们保有一个信念："对故土的眷恋远远大于心灵不得救赎的恐惧。"而这种恐惧当然与理查德·瓦格纳借齐格蒙德之口在他最后一役时所表达的感情更是相去甚远，齐格蒙德说："代我问候沃旦，代我问候沃尔霍尔——但你不要对我讲沃尔霍尔那易碎的幸福。"但是这种恐惧在班扬那里和在里郭利的阿方索那里产生的影响是截然不同的。同样的恐惧使后者陷入了能想象得到的各种自我羞辱之中，却激发了前者与生命进行不屈不挠的、系统的抗争。是什么导致了这种区别呢？

约翰·多林格（Johann Joseph Ignaz von Dollinger，1799—1890），德国神学家、宗教史学家。

加尔文宗在社会组织中毋庸置疑的优势地位竟然与扯断个人和世俗世界之间的紧密纽带的倾向相联系，这乍看上去是不可捉摸的。尽管这种关系看似奇怪，但它是根源于基督教的胞爱在受到了加尔文主义信仰造成的个人内心孤寂带来的压力后，所采用的一种独特形式。首先，这种形式是遵循教义的。整个世界存在的目的就是为了上帝的荣耀而服务，并且这是唯一的目的。被选召的基督徒在这世上唯一的任务就是尽自己最大的能力去履行上帝的戒律，从而增添上帝的荣耀。与这一目的相一致的是，上帝还要求基督徒们取得社会成就，因为上帝是根据他的戒律来支配社会生活的。基督徒在现世中的社会活动仅仅就是为了“增添上帝的荣耀”。这一特质因此也存在于群体内为世俗生活服务的天职中。甚至在路德那里，我们也发现他通过胞爱来证明履行天职的具体劳动是正当的。但是对于路德来说，这还仅是一个不确定的、纯理智的建议，而对于加尔文宗来说，这变成了他们伦理体系中的一个典型元素。胞爱，只能被用来体现上帝的荣耀，而不是为肉体服务的，它首先是要履行自然法给定的日常工作；在履行的过程中会呈现出一种客观的和非人格的特质，那就是为我们社会环境中的理性组织形式的利益服务。根据《圣经》的启示和人们的天然直觉，这种意义极为深远的组织形式和它的秩序安排，显然是上帝为了满足人类的功用而设计

理查德·瓦格纳(Richard Wagner，1813—1883)，德国作曲家。文中的齐格蒙德、沃旦、沃尔霍尔，都是瓦格纳的知名歌剧《尼伯龙根的指环》(*Der Ring Des Nibelungen*)中的人物。

的。这样就使得为非人格化的社会功用服务，成为给上帝增添荣耀的行为，因此这也就成为上帝的意志。彻底消除那些一直困扰着其他人的问题，如神正论（theodicy）问题以及所有关于现世和生命意义的问题，对于清教徒来说是不证自明的，对于犹太人也是如此（出于一些完全不同的原因），甚至在一定意义上对于那些非神秘主义类型的基督教同样如此。

加尔文宗在这一力量的系统中加入了另一个作用于同一方向上的趋势。尽管加尔文宗准许个人自主地处理自己的宗教事务，但是产生于个人和伦理之间的矛盾（索伦·克尔凯郭尔所认为的）在加尔文宗里并不存在。在这里我们不去分析这一事实的原因，或者它对于加尔文宗的政治和经济理性主义的重要意义。这一事实正是加尔文宗伦理观的功利主义特征的源头，加尔文宗天职观的重要特性也同样源自这里。但是现在，我们必须回过头来特别研究一下预定论。

索伦·克尔凯郭尔（Søren Kierkegaard，1813—1855），丹麦哲学家、神学家及宗教作家，被视为存在主义之父。

对我们来说，决定性的问题是：在一个人们不仅把身后世界看得比现世生活更为重要，而且在许多方面看得也比现世生活更为确信的年代，这种预定论是如何产生的呢？有一个问题迟早会出现在每一个信徒面前，那就是：我是上帝的一个选民吗？这一问题会迫使其他兴趣都相形失色。还有一个问题，怎么才能确定我已经蒙受了天恩？对加尔文本人来说，这不是一个问题。他认为自己是上帝选择的代理人，并且确信他可以获得救赎。于是，对于个人如何才能确认自己是否被选择的问题，加尔文实际上只能这样回答：鉴于我们知道上帝已经做出了选择，我们就应该为此而满足了，而在此之后就只能依靠源自那真正信仰的对基督的默默信赖。一种假设认为可以从他人的行为中辨别他是被选择的还是被诅咒的，加尔文从原则上就不能接受这种假设。这是一种试图窥探上帝奥秘的不道德行为。在现世中，上帝的选民与被罚下地狱的人从外表上看不出区别；甚至选民所有的主观体验，如“圣灵的戏弄”，那些被罚下地狱的人也是有可能感受到的，而唯一的例外是，选民所具有的对上帝的“终极”笃信，是那些被罚下地狱的人所没有的。因此，选民是，而且将永远是上帝无形的教会。

这一态度很自然地对于加尔文的追随者，如最早的贝扎来说，尤其对于普通的大众来说，是不可能的。“救赎确认”从蒙受天恩的可辨认性的意义上说，必然成为人们生活中最为重要的意义。因此，只要是推崇预定论的地方，对于是否存在一个可知的绝对正确的衡量标准以确定谁可以被选召这样的问题，就都是无法阻止的。这一问题不仅在虔信派（最初从归正宗教会中发展起来）

西奥多·贝扎（Theodore Beza，1519—1605），法国基督教清教神学家、学者。

的发展过程中一直具有核心重要意义，而且事实上，有时它在某种意义上成为虔信派的基础。但是当我们分析归正宗教义和领圣餐仪式所具有的重要政治和社会意义时，我们会发现在整个 17 世纪，即使是在虔信派之外，对于个人来说确信已经蒙受天恩的可能性问题，同样扮演了非常重要的角色。譬如，它规定了一个人是否可以参加领圣餐仪式，也就是规定了他能否参加这一决定参与者社会地位的核心宗教仪式。

关于人们提出的自己是否已经蒙受天恩的问题，加尔文信赖的因蒙恩而产生的坚定信仰这一证据，是不可能使人们满意的，纵使正统的教义从未正式放弃这一标准。首当其冲的是牧师的实际工作不能使人满意，由于它要直接面对由这一教义引起的所有苦难。牧师的工作会因为各种情况而遇到这些难题。只要预定论没有被重新解释、没有变得缓和一些，或者没有从根本上被抛弃，那么就会同时出现两种重要的互相联系的牧师劝诫类型。一方面是，个人要坚信自己是被选召的，将一切疑惑都看做是魔鬼的诱惑并与之进行斗争，这是每个人绝对的职责所在，因为缺乏自信是对信仰不够虔诚所导致的后果，所以这也就是没有完全蒙恩的后果。因此，上帝的使徒所告诫的“牢牢把握自己的天职”，在这里就被解释为一种责任，即努力获得自己选民身份的确定性，并且因日常生活的奋斗而称义。对于从前那些卑微的罪人来说，路德承诺只要他们毫无保留地信赖上帝并向上帝忏悔，他们就能获得恩典，而经过这一观念的培养他们成为自信的圣徒，我们可以在资本主义英雄时代那些严酷的清教徒商人中间，以及在今天的一些个例中找到他们的身影。另一方面是，紧张的世俗活动被视作是获得这种自信最为合适的途径。世俗活动可以驱散关于宗教的疑惧，并给予人们蒙恩的确定性，且只有世俗活动才能扮演这样的角色。

世俗活动之所以应该被认为有能力实现这一成就，可以说它被视作是抵消关于宗教的焦虑情绪最为合适的办法，其原因就存在于归正宗教会宗教观念的基本特质中，而这一特质与信义宗因信称义的信条形成了鲜明的差异。施内肯布格尔在他杰出的讲演中对此差异进行了非常精妙客观又避免了各种价值判断的分析，因此接下来的简要考察结果大部分都要直接依赖于他的论述。

马蒂亚斯·施内肯布格尔（Mathias Schneckenburger，1804—1848），德国神学家。

信义宗信仰追求获得的最高层次的宗教体验，特别是在信义宗 17 世纪的发展过程中所追求的，就是与上帝的“神秘合一”。这种宗教体验对于归正宗信仰来说是不能确定的，正如它的名字所暗示的那样，这是一种真实的吸收神性的体验，感觉神性真的进入到了信徒的心灵之中。它所要达到的目的与德国神秘主义者所进行的冥思有着相似的性质，而它的特征则是消极地寻求从上帝那里获得安宁。

哲学的历史告诉我们，以神秘性为主的宗教信仰可以在经验主义事实的领域内与显著的真实感相一致；甚至在否认辩证法的前提下，它还可以证实这种真实感。此外，神秘主义还能间接地增加理性行为的重要性。不过在它与现世的联系中，缺少一种对外在活动的积极评价。除此之外，信义宗将“神秘合一”与罪孽玷污的深深的卑微感结合在一起，这对于忠诚的信义宗信徒保持在“日常生活中的赎罪”是必不可少的，从而维持为求得上帝宽恕他们的罪恶而不可或缺的谦逊和简朴。另一方面，归正宗的典型信仰从一开始就否定了信义宗这种纯内向型的感性虔诚，以及寂静主义者对一切属于帕斯卡的东西的逃避。神性真正渗透到人的心灵中是不可能的，这是因为从上帝的绝对先验性对比人的肉身而言：有限不能包含无限。只有在上帝施恩于人的过程中，同时人们感受到这一过程的时候，选民才能与上帝形成共同体，并且感觉到这一共同体的存在。换言之，他们的行为都源自对上帝恩典的信仰，而这种信仰又反过来通过他们行为的品质来肯定自己。对于什么才是获得救赎的最为重要的条件，这一至深差异在这里出现了，而这一差异可以将所有实际的宗教活动区分开来。宗教信徒可以通过感知自己是盛放圣灵的花瓶或者是执行神意的工具，来确信自己已经蒙受天恩。当他感知自己是盛放圣灵的花瓶时，他的宗教生活会趋向于神秘主义和感性主义，而当他感知自己是执行神意的工具时，则会趋向于禁欲主义；路德的立场接近于前一种类型，而加尔文主义则明确地属于后者。加尔文教徒同样也想通过“因信称义”的方式获得救赎。但是鉴于加尔文对所有纯洁的感觉和情绪，不管它们看起来有多么高尚，他都抱有一种怀疑的态度，因此信仰就不得不由它的客观结果来证明，从而为“救赎确认”提供一个稳固的根基。这种信仰必须是一种“有效的信仰”，而对救赎的召唤必须是一种有效的恩召（出自《萨伏依宣言》）。

如果我们进一步问，加尔文教徒凭什么认为自己能够辨别真正的信仰呢？答案就是：凭借基督徒的增添上帝荣耀的行为。至于什么样的行为才能最好地为上帝服务，答案只存在于上帝自己的意志中，而这一意志可以直接通过《圣经》习得，或者可以间接通过上帝创造的意义深远的世界秩序（自然法）去感知。特别是通过用自己的心灵状态与那些选民的心灵状态进行比较，比如与大主教进行比较，根据《圣经》的含义这样就能确定自己蒙受天恩的情形了。只有选民才具有这种“有效的信仰”，只有选民才能通过他的新生和随之产生的他终身的神圣化来增添上帝的荣耀，而这要依靠真正的而非仅仅是表面上的善行。他意识到，他的行为的力量源泉是他心底那种为了上帝的荣耀而工作的信念，这一点至少在他行为的基本特征上和他恒久不变的理想中是这样的；他同样意识到，他所达到的确定的救赎——宗教一直为之奋斗的最高的善，不仅仅是受到上帝意志支配的，而且甚至是由上帝亲自完成的。《新约·哥林多前书》第二卷第八章第五节证明了这是可以达到的。至此，尽管将善行作为获得救赎的途径可能是无效的，因为即便是上帝的选民，他也依旧还是血肉之躯，而且他所做的任何事情都永远不可能达到神的标准，即便如此，这些善行还是必不可少的，因为它们是选民的标志。善行是一种技术性的方法，用来驱散那种因害怕被罚下地狱而产生的恐惧，而不是用来购买救赎的。在这种意义上，善行偶尔会被看做是为了获得救赎所直接必需的，或者说获得救赎是要建立在善行的基础之上的。

在具体实践中，这就意味着“自助者天助之”。因此有的时候可以这样说，是加尔文教徒自己创造了属于自己的救赎，或者更准确地说是自己创造了对于救赎的信念。但是这种创造不可能存在于天主教那种为了提高个人的信誉而逐渐地积攒个人善行的过程之中，而是会存在于一个系统化的自我约束之中，在这种约束中时刻都会面临一个无情的选择，那就是要么成为上帝的选民，要么被罚下地狱。这为我们的研究带来了一个非常重要的问题。

众所周知，信义宗已经再三地指责这种思路是倒退到那种通过个人行事以获得救赎的教义上去，而这一思路在归正宗教会和其他教派那里却被解释得越来越清楚了。面对这样的指控，归正宗等教派辩称他们的思路是要将自己的教义与天主教的教义区别开来，虽然这是多么的正当，但是在针对这一思路给归正宗的普通基督徒所带来的日常生活的实际影响时，这一指控却肯定是合乎情理的。因为相较于加尔文宗对其信徒的要求，可能比这一标准更为严厉的对道德行为的宗教价值评价还没有出现过。但是对于这种通过个人行事以获得救赎的观念来说，它的实践重要性必须从归正宗的独特品质中去寻找，因为这种品质使它的信徒在伦理行为上体现出了一种区别于中世纪普通基督徒日常生活的特征。这种区别可以明确地表述为：标准的中世纪天主教一般信徒，过着一种可以说是勉强糊口的伦理生活。首先，在良心上他会完成他传统的职责。但是一旦超出这一最低限度，他就再没有必要去将自己的善行组成一个互相联系的生活系统了，或者连一个理性化的系统也不会组成，有的仅仅是一连串互不相关的独立行为。他会将善行作为某些理由的需要，比如为了一个具体的罪恶赎罪，为了增加自己获得救赎的机会，抑或是为了面临死亡而准备的一份保险。但是单独行为的具体目的决定了它的价值。行为者单独的善行或者恶行都会被进行道德记账，从而决定他现世的乃至永世的命运。教会非常实际地认识到不可能把普通人当做一个清晰的整体来定义，评判他的标准也不能是非此即彼的，他的道德生活通常都受制于相互矛盾的动机，而他的行动也是相互矛盾的。当然作为一种理想，教会是要求人们的生活在原则上有所改变的。但是教会最为重要的权力和教育手段之一——赦罪的圣礼，却恰恰（在一般情况下）削弱了这种要求，而赦罪的这一功能与独特的天主教信仰最深层次的根源是相互关联的。

对现世进行的理性化改造，祛除凭借巫魅获得救赎的方法，在这些方面天主教教徒做的远远没有清教徒好（还有在清教徒之前的犹太人)。对天主教教徒来说，他的教会所举行的赦罪圣礼是对他自身不完美的一种补偿。神父作为一个魔术师，大演圣餐变体的奇迹，在他的手中还握有通向永生的钥匙。当人们心生悲痛和心感忏悔的时候可以求助于他。神父带给信徒的是获得救赎的可能、蒙受天恩的希望和得到宽恕的许诺，从而使他从极度的不安中释放出来；而对于加尔文教徒来说，他被注定了要接受无情的命运，丝毫不允许有任何懈怠。对他而言，那种友好的和人性的慰藉是不存在的。加尔文教徒不能寄希望于享受几个小时的嗜好和轻率，然后在其他时间用加倍的善意来对此进行赎罪，而同样的事情对于天主教教徒，甚至对于信义宗的教徒来说都是可以的。加尔文宗的上帝要求他的信徒不仅仅做个别的善行，更是要一辈子行善，而且要把这些善行结合成一个统一的整体。这里找不到天主教那种非常人性化的循环：罪恶—忏悔—赎罪—释罪—紧接着出现新的罪恶。这里同样找不到可以使整个人生得以平衡的功绩，而在此之前这种平衡是可以由暂时性的惩罚或者教会给予的恩典来进行调节的。

正因为如此，一般人道德行为中那种盲目和非系统化的特征被抹去了，随之这种行为开始受支配于一种作为整体的一贯行为方法。“循道宗”这个称谓被用来指代那些在 18 世纪参与清教思想最后一次大复兴的人们，这不是一个偶然现象；正如有着同样含义的“恪守派”(Precisians) 被用来指代他们这些人在 17 世纪的精神前辈一样。因为只有从根本上改变这种存在于每时每刻和一举一动中的生命的全部意义，才能够证明恩典的影响使一个人从“自然状态”转化为“蒙恩状态”。

圣徒的生命完全是为了一个先验的结局，即获得救赎。恰恰是为了这一原因，他在现实中的生活被彻底地理性化了，并且完全被这种增添上帝在现世中的荣耀的目标所支配。再没有什么人能比他们更为严格地奉行“一切为了上帝的荣耀”这一箴言。笛卡尔的“我思故我在”被同时代的清教徒借用来进行伦理的重新解释，即人的生命只有在持之以恒的思想的指引下，才能克服自身的“自然状态”。正是这种理性化赋予了归正宗信仰以独特的禁欲主义倾向，而这也是它与天主教的关系和矛盾的基础。自然的是，天主教对于类似的事情是不会不知道的。

毋庸置疑，基督教的禁欲主义不论是外在表现上还是在内涵意义上，都包含了很多不同的内容。然而早在中世纪，在禁欲主义最高级的西方形式中（甚至在古代的一些形式中）就已经存有这一确定的理性特质了。相比于东方，西方隐修制度的重要历史意义在总体上（并非全部）是以禁欲主义的理性特质为基础的。在圣本笃的教规中，更多的是在克吕尼修道院的修道士中，还有在西多会的修士中，以及最为激烈的是在耶稣会会士中，隐修制度已经摆脱了盲目的理想世界和

圣本笃（St. Benedict，480—547），意大利天主教修士、圣徒，西方修道院制度的创始人。

非理性的苦修。它已经发展成为一种理性行为的系统方法，从而克服“自然状态”，把人们从非理性冲动的影响和对于现世和自然的依赖中解放出来。隐修制度试图让人服从一种坚定意志的无上权威，使他的行为受到持之以恒的自律，从而深思熟虑自己的行为会产生的伦理影响。因此在客观上，隐修制度把修道士训练成了为上帝之国服务的劳动者，而在主观上，修道士也由此确保了自己的灵魂获得救赎。这种积极的自律构成了圣依纳爵的苦修的目的，也构成了所有理性的隐修美德的目的，而对于清教来说，这种自律也构成了它最为重要的实际理想。在清教徒那种与谨慎保守相对照的深藏的轻蔑中，在关于殉道士所受劫难的记载里，以及在那些显贵的高级教士和公职人员无礼的叫嚣中，都可以发现对寂静自律的尊重，这一点在今天依旧可以从英国或美国典型的绅士身上分辨出来。用我们的话来说就是，和每种理性的禁欲主义一样，清教徒试图让人能够保持他一贯的行为动机（特别是清教教导给他的动机），并且依照这一动机行事，而不是凭情绪行事。根据“清教”这个词形式上的心理学含义，它是试图为人塑造一种人格。与很多流行的观念相反，这种禁欲主义的目的是意图能够引领一种警觉而智慧的人生：最要紧的任务是消除随意而冲动的享乐，而完成这一任

圣依纳爵(St. Ignatius of Loyola, 1491—1556)，西班牙人，罗马天主教耶稣会的创始人，是圣人之一。

务最重要的途径就是为它的信徒的行为划定规则。所有这些重要的见解在天主教隐修制度的规则中，以及在加尔文宗关于行为的原则里，都得到了同样的强调和重视。这两大扩张性力量正是凭借这种对整个人施加的系统条理的控制得以支撑起来的，特别是加尔文宗之所以区别于信义宗，作为捍卫基督新教的“战斗教会”，其能力也正是来源于此。

另一方面，加尔文宗的禁欲主义与中世纪的禁欲主义之间存在着很明显的区别。这种区别在于“福音劝谕”的消失，以及随之而来的禁欲主义向现世活动的转化。而这并不意味着天主教好像把有条理的生活都禁锢在了修道院的密室中。不论是在理论上还是在实践中，这种情况都是不可能的。与之相反，早就有人指出，尽管天主教拥有突出的伦理节制，但是一种在伦理上无系统的生活，甚至对于天主教为一般信徒的生活树立起来的最高理想来说，都是不能令人满意的。例如，圣方济各的第三会，它试图使禁欲主义渗透进日常生活中去，这是一次强有力的尝试，而且众所周知的是，这绝不是唯一的一次尝试。但事实上，像《模仿基督》（*Nachfolge Christi*）这类著作，它们通过自己强大的影响表达出一种观点，即它们所倡导的生活方式在某种情况下要比日常的伦理道德具有更高的地位，

塞巴斯蒂安·弗兰克(Sebastian Franck，1499—1543)，16世纪德国思想家，人文主义者和激进改革者。

因为日常的伦理道德只是一种最低限度的要求，它不能以清教所要求的标准进行衡量。而且，对教会某些制度的实际应用，尤其是赎罪券的使用，不可避免地阻碍了其向系统化的入世禁欲主义转变的趋势。正因为如此，在宗教改革时期，这种应用不会仅仅被当做是没有大碍的滥用，而更会被看做是教会中最根本的罪恶之一。

但是一个最为重要的事实是，只有修道士才能卓越地按照宗教的意义过一种理性的生活，并且一直保持这样的生活。因此，一个人越是紧紧地依从禁欲主义行事，他就越是远离日常生活，因为最为神圣的任务正是超越世俗的伦理道德。而路德否定了这一趋势，对此他并没有遵循任何发展规律，而是完全依照自己的个人体验行事，虽然在最初阶段他并不是很明确这种体验会产生怎样的实际效应，而在此之后的政治环境进一步推进了他的个人体验，加尔文宗则直接从路德那里采纳了这一观点。塞巴斯蒂安·弗兰克在看到了宗教改革的重要意义后，鞭辟入里地指出这种类型的宗教其核心特质就是要迫使每一个基督徒都终身地成为修道士。将禁欲主义从世俗生活中分流出来的努力被一座大坝阻挡住了，那些从前可以修成最高境界修道士的热情虔诚的人们，现在被迫只能在世俗的日常活动中追求他们的禁欲主义理想。

然而在它的发展过程中，加尔文宗又在其中增添了一种积极的观念，即有必要在世俗活动中证明自己的信仰。这就在更大范围内为那些有宗教倾向的人们提供了一个遵从禁欲主义的积极诱因。凭借在预定论的教义中注入这一伦理观念，加尔文宗把修道士那种出世的和超世的精神贵族，替换成为被预定是上帝圣徒的那种入世的精神贵族。这种贵族具有不可磨灭的特质，他们用一条鸿沟将自己与人类中那些被永世罚入地狱的人相隔开来，这条鸿沟比隔断中世纪修道士与其身外世界的那条鸿沟更为不可逾越和令人不寒而栗，它无情地横贯在了所有社会关系之中。选民和圣人对神的恩典的感悟是与认为自己同胞有罪的态度相伴存在的，这种态度并不是基于意识到自身的人性弱点而产生的同情理解，而是憎恶和蔑视他们，把他们视作被打上了永世罚入地狱烙印的上帝的敌人。这种观点影响之强烈以至于它有时成为了派生新宗派的原因。譬如，真正的加尔文宗教义规定，上帝的荣耀需要教会让那些注定下地狱的人同样也依照教规行事，而这一教义被 17 世纪独立派运动的信念所超越，在他们看来，让那些不能获得新生的灵魂进入上帝的殿堂、参与各种圣礼，或者甚至成为牧师去管理和执行这些圣礼，简直是对上帝的亵渎。因此，作为证明蒙恩的信条的结果，教会中出现了多纳图派的观念，正如在加尔文宗中出现的浸礼宗一样。教徒需要一个纯洁的教会，要求教会是由被证明蒙受了天恩的人组成的共同体，然而各种宗派

多纳图派（Donatist），在北非形成的教派，因 4 世纪迦太基主教多纳图（Donatus Magnus）得名。多纳图声称，教会是义人的教会，罪人无份；罗马教会让叛教者受任主教，已成“罪人之子”，不能列入圣教会；只有义人施行的圣礼才有功效。

的形成并不能经常性地体现出这种要求应有的全部逻辑结果。教会规章的修改只有通过如下尝试才能得以实现：将能获新生的基督徒与不能获新生的区别开，将准备好迎接圣礼的基督徒与没有准备好的区分开，并且确保教会的控制权或者一些特权掌握在前者的手中，只任命那些无人质疑的人作为牧师。

禁欲主义自然地从《圣经》中找到了它急需的始终用来衡量自身的标准。非常重要的是，加尔文宗中那些著名的对《圣经》有解释权威的人坚持《旧约》中的道德戒律，因为它真实地显现了神的旨意，在受尊敬的程度上与《新约》是一样的。很显然，这些道德戒律不应该仅仅适用于希伯来时期的历史环境，或者被基督徒明确地加以拒绝。对所有信徒来说，这种戒律虽然是一种永远不能完全达到的规范，但它是一个理想；然而另一方面，最初路德很欣赏人们从这一戒律的束缚中解放出来，认为这是信徒神圣的特权。在清教徒阅读最多的《旧约》之《箴言篇》和《诗篇》中所表述的，希伯来人那种对上帝的敬畏和不感情用事的极佳智慧，能够从清教徒对生活的全部态度中发现它们的影响。特别是那种对神秘主义（这事实上是宗教的感性方面）的抑制，已经由桑福特（Sanford）准确地归因于《旧约》的影响。但是，《旧约》中的理性主义本质上是带有小资产阶级和传统主义者类型特质的，它不仅融合了先知们强烈的怜悯情怀，而且还包容了一些其他元素，这些元素甚至在中世纪就促进形成了一种独特的感性宗教。正因为如此，是加尔文主义独特而根本的禁欲主义特质，为加尔文主义选择和吸收了《旧约》宗教中那些最为适合它的元素。

存在于新教加尔文宗的禁欲主义中的，以及天主教教规所规定的理性生活方式中的伦理行为系统化，在今天那些认真谨慎的清教徒不断地监督自己蒙恩状态的过程中，表现得非常粗略。诚然，用以一一收录罪恶、诱惑和蒙恩进展的虔诚的记账簿，对于那些最为激进的归正宗派别和现代天主教的某些部分（特别是在法国）来说是一样的，尤其是那些受到耶稣会影响的部分。但是在天主教中，使用这种记账簿的目的就是使忏悔具有完整性，或者是为了对基督徒（大部分是女性）进行权威的指引，从而给这种“灵魂的指引”提供一个基础。然而，归正宗的基督徒却在这种记账簿的帮助下找到了自己奋斗的方向。所有道德家和神学家都提到过记账簿的方式，而本杰明·富兰克林的例子是最为典型的，他的记账簿以图表统计的方式记述了他在各种美德方面的自我提高。另一方面，中世纪（甚至古代）关于上帝簿记的老式观点，在班扬那里被描述成了一种极为无趣的典型，他把罪人和上帝的关系比作是顾客和老板的关系。一旦有谁欠了上帝的钱，他可以通过竭尽全力的善行来偿还所积累的利息，但是永远也不可能还清本金。

正如班扬观察自己的行为那样，后来的清教徒还对上帝的行为进行了观察，而且还注意着上帝在生活中所有的细节之处留下的痕迹。而且与加尔文严格的教义相反，通常情况下清教徒能够知道上帝进行这种或那种行动的原因。因此这种使生活神圣化的过程几乎可以呈现出一种商业企业的特征了。对整个生活进行完全的基督教化就是这种伦理行为的条理性所产生的影响，与信义宗不同的是，这种条理性正是加尔文宗要求人们遵循的。只有时刻记住这种理性对现实生活具有的决定性影响力，我们才能正确理解加尔文宗产生的影响。一方面，我们可以看到加尔文宗正是利用了这一因素才使其具有这样的影响力。但是当其他信仰的伦理动机在一个决定性的要点上——证明蒙恩的信条——同加尔文宗一致的时候，它们就会必然具有与之类似的影响力。

到目前为止，我们只对加尔文宗进行了认真研究，并且假定了预定论是清教道德的教义背景，这里的清教道德所指的正是有条理的理性伦理行为。预定论之所以可以具有这样的地位，是因为事实上它的影响已经远远超过了作为单一宗教组织的长老会，而后者在各个方面都严格地坚守加尔文主义原则。预定论不仅存在于1658年独立派的《萨伏依宣言》中，而且存在于1689年汉塞德·诺利斯的《浸礼宗信纲》中，还在循道宗那里占有一席之地。尽管宗教改革中伟大的组织天才约翰·卫斯理相信上帝的恩召是具有普遍性的，但是第一代循道宗教徒中的一位伟大的鼓动家和始终不渝的思想家怀特菲尔德，却是对预定论笃信不

汉塞德·诺利斯（Hanserd Knollys，1598—1691），英国浸礼宗牧师。

疑的。同样的情况也出现在当时颇有影响的、以亨廷顿夫人为中心的宗派中。在具有新纪元意义的17世纪，正是这种具有高度一致性的预定论，坚持认为那些保卫神圣生命的宗教斗士是上帝手中的武器和上帝旨意的执行者。而且它还避免了过早地沦为那种在现世中行善的纯实利主义，这种思想是不可能激励人们为了非理性的理想目标而付出如此巨大牺牲的。

乔治·怀特菲尔德（George Whitefield，1714—1770），英国著名教士，循道宗创始人之一，其布道足迹遍布北美殖民地。

将具有绝对正当标准的信仰、无条件的决定论以及完全先验性的上帝结合起来，这种结合就其本身的意义来说就是一种伟大天赋的创造。同时在原则上，这种结合比那种态度较为温和的教义更具现代意义，因为后一种教义对上帝从属于道德法则这样的观点做出了更多的妥协。尤其我们会反复地发现，证明蒙恩的观念对我们所研究的问题来说具有多么根本的意义。鉴于这种观念产生的实践重要意义是理性道德的心理基础，而这一意义可以被单纯地放置在预定论中进行研究，那么我们最好就从这一教义最为固定的形式着手开始研究。但是对于我们下面将要研

亨廷顿夫人（Lady Huntingdon，1707—1791），18世纪英国宗教领导人。

究的各宗派来说，这种观念在它们的信仰和行为之间构建了一个循环框架。对于新教运动的第一代信徒而言，这种观念的影响必然使他们的行为具有禁欲主义倾向，这一点在原则上与信义宗那种相对无助的道德观截然相反。信义宗中“可被收回的恩典”显然是可以通过真诚的悔改重新获得的，但是这中间并没有对整个道德生活进行系统理性的规则安排，而这对我们来说是禁欲主义新教最为重要的成果。因此信义宗信仰并没有抑制冲动行为和幼稚情绪的任意发展。它所缺乏的，是阴郁的加尔文宗教义赋予人们的那种一贯自律的动机，并因此使他们有意识地调整自己的生活。像路德这样的宗教天才，他可以毫不费力地生活在开放和自由的氛围之中，而只要他的热情依旧强大，他就不用担心会退回到“自然状态”中去。在一些信义宗最高级别的教徒那里，单纯的、感性的和特别情绪化的敬虔形式就是一种装饰，正如他们自由而自发的道德一样，而类似的情况在真正的清教那里是很少被发现的，倒是在温和的英国国教中有很多这样的例子，例如胡克和奇林沃思等人。但是对于普通的信义宗教徒来说，甚至是那些很有才华的教徒，只要单一的忏悔或训诫能够影响到他，那么他就会认为自己是暂时地脱离了“自然状态”，并且没有什么比这更为确定的了。

理查德·胡克(Richard Hooker，1554—1600)，英国著名神学家。

归正宗和信义宗的杰出人物在道德标准问题上的巨大差异，使生活在同时代的人非常惊讶，而后者经常因酒醉和行为粗俗而丧失名誉。另外，信义宗教士的无能，他们只强调信仰的作用，反对禁欲主义的浸礼运动，是众所周知的。性情善良或怡然自得经常被称作是典型的德国品性，即使是从人们的面部表情中流露出来的这种品性，也与在英美环境中彻底消灭“自然状态”的自发性所产生的影响形成了显著的对比，在这中间德国人习惯于把英美人的品性不友好地评价为狭隘、不自由和内心压抑。这两种人在行为上凸现出来的差异，非常清晰地是因为相较于加尔文宗，在信义宗中禁欲主义渗透进入生活的程度比较低。每一个天真的“自然之子”对所有禁欲主义事物的反感都表现在上述那些情绪中。事实上，正是由于信义宗关于恩典的教义，使它缺乏一种针对行为系统化的心理规约，而这种规约可以迫使生活被有条理地理性化。

威廉·奇林沃思(William Chillingworth，1602—1644)，英国教士。

这种规约决定了禁欲主义在宗教信仰中的特性，毫无疑问它可以出自各种不同的宗教动机，而我们很快就会看到这种情况。加尔文主义的预定论只不过是这类规约的很多种可能性之一。但是尽管如此，我们已经确信的是，预定论不仅具有独一无二的高度一致性，而且它的心理效应也是极为强大的。相比之下，那些非加尔文主义的禁欲主义运动，仅仅从其禁欲主义的宗教动机这一视角观察，它们弱化了加尔文主义内在的一致性和影响力。

但是在实际的历史发展过程中，就大多数情况而言，加尔文宗的禁欲主义形式要么被其他禁欲主义运动所效仿或者作为灵感的源泉，要么被当作它们发展不同原则的参照物。尽管它们的教义基础不同，但还是会显现相似的禁欲主义特质，通常情况下这是源于教会组织的影响。对此我们会在另一组关系中论及。

二、 虔信派

历史上被称为虔信派的禁欲主义运动，同样是以预定论作为自己的出发点。由于这个运动一直存在于归正宗教会内部，所以几乎不可能在虔信派和非虔信派的加尔文教徒之间划定界限。有的时候，几乎所有清教主义的主要代表人物都会被归属于虔信派教徒。实际上，对于预定论和证明蒙恩的信条的全部联系，以及这一联系最为根本的要点——此前已经论述的拥有“救赎确认”，都应当被认为是虔信派对加尔文原始教义的发展。禁欲主义在归正宗教会内部的复兴，特别是在荷兰，通常会伴随着预定论的重建，而这一教义在此之前有时会被忘记或者没有得到严格奉行。因此在英格兰，人们根本就没有使用“虔信派”这一称谓的习惯。

即使是归正宗教会的大陆虔信派（分布于荷兰和莱茵河下游地区），至少从根本上说它也仅仅是对归正宗的禁欲主义进行了一个简单的强化，譬如贝利的教义就是如此。由于重点都集中在了“虔信的实践”上，使得教义的正统性被推入了幕后；实际上，这种正统性有时似乎无足轻重。那些被预定蒙受天恩的人可以偶尔犯一些违反教义的错误以及一些其他的过失，而且经验表明，往往是那些没有受过经院神学教导的基督徒们最为清晰地表现出了信仰的成果，而另一个越发清晰的事实是，仅仅凭借神学知识是绝对不能保证通过行为就能证明信仰的。

由此可知，是否是上帝的选民，这完全不能通过神学学识进行证明。因此，尽管虔信派在形式上依旧属于神学家们的教会(这是它的一个特征)，但它还是对其存有深深的不信任，并且开始聚集“虔信的实践”的信徒进行秘密集会，而这种集会在此之前已经在世界上被取缔了。虔信派希望使这种选民的无形教会在现世中变成有形的教会。尽管它没有形成一个单独的宗派，它的信徒们试图在这一团体中过这样一种生活，即：摆脱现世的所有诱惑，生活中的一切细节都完全按照上帝的意志行事，并通过他们在日常生活中显现的外在标志确保他们自己的新生。因此真正的皈依者的教会（ecclesiola），通过强化禁欲主义的途径来享受与上帝天人合一的极乐，这是所有真诚的虔信派团体所渴望的。

这种趋势在某些方面与信义宗的“神秘合一”有着紧密的联系，并且经常会更多地强调宗教的感性方面，而这超出了正统加尔文宗可以接受的范围。从我们的观点来看，实际上这种情况正是发轫于归正宗教会内部虔信派的决定性特质。这种起初完全不属于加尔文主义，但是另一方面又与某些中世纪宗教形式相互联系的感性因素，指引了一种争取在现世中获得救赎的宗教实践，而非为了理想世界的确定性而进行艰苦的禁欲努力。而且，这种感性因素的强烈程度使宗教呈现出一种相当歇斯底里的特征，导致数不胜数的教徒出现半意识状态的宗教神迷和间歇性的精神衰弱这两种状态交替出现的状况（精神病理学上可以解释），而在处于精神衰弱状态的时候，他们会认为自己是被上帝抛弃了的。这种影响与清教徒那种把人置于神圣的系统化生活之中的严格而有节制的教规截然相反。这就意味着那些为了保护加尔文教徒理性人格而施行的禁令被虔信派的激情所削弱。与之类似，加尔文主义关于肉体堕落的观点（例如认为人类就像蠕虫一样），在情感上会使人们从事世俗活动的进取心大打折扣。甚至当预定论与理性加尔文主义的主流趋势相背离的时候，它就有可能导致宿命论的产生，从而成为感性冥思的对象。最后，在虔信派的历史中，甚至在归正宗教会内部，那种要将选民和世俗世界分离开来的愿望，导致一种半共产主义性质的隐修的团体生活，这类情况总是不断地出现。

但是只要这种以强调感性因素为条件的极端效应不出现，并且归正宗虔信派力求在日常生活中通过现世的天职确保获得救赎，那么虔信派原则所产生的实践效果甚至可以称为是一种对履行天职的行为更加严格的禁欲主义控制，这为履行天职的伦理观提供了一个更为坚固的宗教基础，相形之下，普通的归正宗信徒仅仅将其视作世俗的荣誉，而这对于具有优越感的虔信派教徒来说是二流的基督教精神。在荷兰，由选民构成的宗教贵族阶层，这个在每种加尔文宗禁欲主义的形式中都有所发展的团体（越是严肃地奉行禁欲主义，就越是如此），在教会内部被自愿地组织起来参加秘密的集会。而另一方面，在英国清教中，这种宗教贵族阶层在一定程度上造成了教会内部积极的基督徒和消极的基督徒之间事实上的分化，也在一定程度上引发了宗派的分立，正如我们之前看到的那样。

另一方面，以信义宗为基础发展起来的，与斯彭内尔、弗兰基和青岑多夫相联系的德国虔信派，则偏离了预定论的教义。但是与此同时，它又不可能脱离由预定论推向逻辑顶点的一系列观念，这一点尤其可以从斯彭内尔所记述的英国和荷兰虔信派对他产生的影响中得以证明，也可以通过他在进行第一次秘密集会时诵读贝利的教义这一事实进行解释。

弗兰基（A. H. Francke，1663—1727），德国基督新教（信义宗）著名教士。

依据我们特殊的视角，不论如何，虔信派都仅仅意味着将条理化控制和监督下的行为（因此是属于禁欲主义的行为），渗透进入那些非加尔文主义的宗派中。但是信义宗必定会认为这种理性的禁欲主义是一种外来因素，而德国虔信派的教义所缺乏的一致性正是由于这一情况引发的争论。斯彭内尔把信义宗的观念和加尔文宗关于善行是“为了增添上帝的荣耀”的特殊教义相结合，作为系统的宗教行为的教义基础。他还有一个信仰，认为上帝的选民在相当程度上有可能成为完美的基督徒，而这会使人联想到加尔文主义。不过这种论说是缺乏一致性的。深受神秘主义影响的斯彭内尔，试图通过一种不甚确定但本质上属于信义宗的方式来描述系统化的基督徒行为类型，而这种描述的目的不是为了证明它的合理性，而是因为它对于平衡斯彭内尔的虔信派形式来说是必不可少的。他没有从神圣化中引申出“救赎确认”；而作为证明蒙恩这一观念的替代物，他接受了路德关于信仰和善行多少有些松散的结合，对此我们已经在上文中论述过了。

关于虔信派的理性和禁欲元素的重要性要超过它的感性元素这一点，对本文至关重要的那些观念却一次又一次地保持了它们的立场。这些观点认为：(1) 依据律法有条理地将自己蒙恩的状态发展得越来越确定和完善，这就是蒙恩的标记；(2) “上帝的旨意是通过那些有着完善蒙恩状态的人们来完成的”，也就是说，如果他们耐心地等待并且有条理地进行沉思，那么他们就能得到上帝赐予的蒙恩标记。弗兰基同样认可为履行天职所进行的劳动是卓越的禁欲主义行为，上帝通过让他的选民在劳动中获得成功的方式保佑他们，这一点对于弗兰基和清教徒来说都是毋庸置疑的。

作为双重预旨的替代者，虔信派发展出了一些本质上与加尔文主义相似的但又更为温和的观念，从而创建了一种依赖于上帝特殊恩典的选民贵族，由此便产生了上述那些心理效应。例如，在这些观念中，有一种所谓的“恩典有限论”（Terminism）常常被虔信派的反对者们拿来指责虔信派，虽然这样有失公允。这一观点认为恩典是赐予所有人的，但是对每个人来说，他要么是在生命中的某一特定时期获得这一恩典，要么是在生命的最后阶段蒙受天恩。任何人如果错失了这一时限，那么他就再无可能得益于这种普遍的恩典；他就会与加尔文宗教义中所言的那些被上帝抛弃的人们面临同样的处境。弗兰基根据自身的体验得出的观点与这一论说极为相近，他认为恩典只有在某些特定的情况下才会有效，也就是说在进行完忏悔之后才会有效，这种观点在虔信派中非常普遍，甚至会被一些人视作最为重要的观念。根据虔信派的教义，鉴于不是每个人都能有这样的体验，尽管有些人遵奉了虔信派建议的禁欲主义方式来行事，但他们也无法获得这种体验，而这些人在获得新生的人眼中就是一群消极的基督徒。另一方面，由于创建了一种引导忏悔的方法，甚至连蒙受天恩实际上也成为一种理性的人类活动的目标。

另外，密室忏悔的做法遭到了蒙恩贵族的反对，虽然不是所有人都采用这一做法（比如弗兰基就不做），但这是众多虔信派教徒的特征，特别是正如斯彭内尔对此反复提出的质疑所显示的，这是虔信派牧师的特征。这种反对态度帮助虔信派弱化了它与信义宗之间的纽带。通过忏悔获得的恩典要对行为产生有形的影响，这才是构成准许释罪的必要标准；因此仅仅凭借忏悔是远远不够的。

青岑多夫认为，他自己的宗教立场虽然在面临正统教义的攻击时有些摇摆不定，但是总体上说是倾向于工具论的。然而除此之外，这位出众的宗教业余爱好者（里敕尔这样称呼他）的学说观点，几乎不能在我们的重要论点中进行清晰而系统的阐述。他反复把自己定为是保罗—信义宗基督教精神的代表人物；因此他反对那种因遵奉律法而与詹森形成联系的虔信派类型。然而早在1729年8月22日，兄弟会就在它的《草约》中主张一种在许多方面都与加尔文宗的选民贵族观点非常相近的观点。尽管青岑多夫多次声明自己信仰信义宗，但他还是允许并鼓励这一观点的。在1741年11月2日，他所宣布的《旧约》为基督所作的著名立场，正是与此多少有些相同的态度的外在表达。无论如何，在兄弟会的三个分支中，加尔文分支和摩拉维亚分支都在最初阶段就从根本上接受了归正宗的伦理观。甚至青岑多夫也随同清教徒一样向约翰·卫斯理表达这样一种观点，即一个人虽然无法知道自己的蒙恩状态，但是其他人却可以从他的行为中得到答案。

里敕尔（Albrecht Ritschl，1822—1889），德国神学家（信义宗）。

詹森（Cornelius Otto Jansen，1585—1638），荷兰神学教授，天主教异端派人士。

主护村（Herrnhut），是青岑多夫为受逼迫的摩拉维亚兄弟会的信徒们提供的避难所，渐渐地信义宗、加尔文宗、虔信派等受到逼迫的信徒们也纷纷来到此地。这里是摩拉维亚兄弟会向全球扩展的基地。

但另一方面，在主护村独有的虔诚中，感性因素占据了非常突出的地位。特别是青岑多夫本人不断地试图抵制清教徒那种将禁欲主义神圣化的倾向，转而在信义宗的范畴内对善行进行解释。同样，在抛弃秘密集会和保留忏悔的影响下，他自身逐渐显现出了一种本质上是信义宗的对圣礼的依赖。此外，青岑多夫独特的原则认为，宗教情感中那种孩提般的天真和纯洁是这种情感真挚的标志，以及通过占卜的方式来揭示上帝的意志，这些都强烈地抵制了理性因素在行为中的影响。从整体上讲，在青岑多夫伯爵的影响范围内，那种反理性的和感性的因素在摩拉维亚兄弟会的信徒中间比在其他虔信派的信徒那里具有更为重要的地位。一般情况下，在斯潘根贝格的“兄弟情义的信念”（*fides fratrum*）中，道德规范和对罪恶的宽恕二者的关联与它们在信义宗教义中的关联一样松散。青岑多夫对循道宗追求完美的否定，在这里与在任何地方一样，都是他本质上属于幸福论理想的一个组成部分，这种理想意在使人们在现世中从情感上体验到永恒的天赐之福（他称之为幸福），而不是鼓励他们通过理性的劳动从而确保在另一个世界中获得这样的福祉。

然而，相较于其他教会，兄弟会中最为重要的价值观蕴含在一种积极的基督徒生活中，它不仅存在于传教活动中，而且存在于相关的履行天职的专业工作中，这种价值观使那些基督徒始终保持着生命力。此外，对生活进行务实的理性化，从功利的角度讲这对于青岑多夫的哲学体系是必不可少的。这一点同其他虔信派教徒一样，对青岑多夫来说，一方面是由于他明确地厌恶哲学思辨，认为这对信仰构成了危害，与此同时他相应地偏好经验主义知识；另一方面是由于他作为一个职业传教士所具有的精明的常识。兄弟会作为一个重要的传教中心，同时也是一个商业企业。因此兄弟会引领它的成员们走上了世俗禁欲主义的道路，在各地它的成员们都是先寻找适合的工作，然后将其仔细而有系统地做好。然而，由于以使徒的传道生活为榜样，那种对使徒贫困的赞颂和对上帝预先选定的信徒的赞颂，却形成了另一重阻隔。而这意味着“福音劝谕”的部分复兴。这些因素确实阻碍了一种类似于加尔文主义的理性的经济伦理的发展，尽管如此，正如浸礼宗的发展所显示的那样，这种发展非但不是不可能的，

斯潘根贝格（August Gottlieb Spangenberg，1704—1792），德国神学家、牧师，也是摩拉维亚兄弟会的主教。

而且正相反的是，它在主观上被一种为了天职而工作的观念强烈地鼓舞着。

总而言之，当我们选取对我们很重要的观点来考量德国虔信派的时候，我们必须承认它的禁欲主义宗教基础既不稳固也不确定，这使得德国虔信派明显地弱于那种具有钢铁般一致性的加尔文宗，而这一部分要归因于信义宗的影响，一部分要归因于它自身的感性特征。诚然，将感性因素作为区分虔信派和信义宗的特征是非常片面的。但是虔信派对生活的理性化程度，必然没有加尔文宗那么强烈，这是因为保持蒙恩状态的压力被转移到了现存的感性状态上，这种蒙恩状态需要不断加以证明而且又是与永世中的前景休戚相关的。上帝的选民在永不停歇地成功履行天职的过程中，力争获得并不断使之更新的自信，被一种谦逊和自我克制的态度所取代。这部分地要归因于感性的刺激全部被集中到了精神体验上；部分地要归因于信义宗的忏悔制度，虽然这一制度经常遭到虔信派的严重怀疑，但在通常情况下它依旧是被默许的。所有这一切都表明，信义宗独特的救赎观念的影响方式是宽恕罪恶，而非将实践神圣化。为获得并保留对未来（理想世界的）获得救赎的准确认知而进行的有系统的理性斗争，如今在这里变成了体会与上帝和谐一致的需求。正如经济生活存在追求及时行乐、抗拒为保障未来而进行理性安排的趋势一样，从某种意义上讲，在宗教生活的领域中，也存在着类似的情况。

因此非常明显的是，这种指向现实情感满足的宗教需求，不可能发展出一种将世俗活动理性化的强大动力，正如加尔文宗的选民那样全身心地专注于身后世界从而确保恩宠的状态。而另一方面，这种需求的指向相较于正统信义宗的那种受制于《圣经》和圣礼的传统主义信仰来说，更加有利于信仰有系统地渗透到行为之中。就整体而言，从弗兰基、斯彭内尔到青岑多夫，虔信派越来越侧重于强调感性的因素。但这在任何意义上，都不能说是发展的固有规律的表达。这里的区别要归因于这些宗教领袖所处的宗教（和社会）环境的差异。我们不能深入研究这些差异，也无法探讨这些独特性如何影响德国虔信派在社会和地域上的扩展。我们必须反复地提醒自己，这种强调感性因素的虔信派无疑是经过了非常漫长的过程，才融入了清教徒选民的生活。如果我们能指明这种差异的任何实际影响，哪怕是暂时性地指明这种影响，我们就可以说虔信派所偏爱的那些美德更多地是指：一种是忠诚的公职人员、企业职员、工人或者仆人的德行，另一种是（以青岑多夫的方式）抱有虔诚的谦卑情感的大多数家长式雇主的德行。而与此相对，加尔文宗显得与资产阶级—资本主义的企业家那种严格的守法主义和积极的事业进取心具有更为密切的联系。最后，正如里敕尔所指出的那样，虔信派纯粹的感性形态是那些有闲阶级的一种宗教业余爱好。纵使这种特性的描述远不详尽，但是它有助于解释在虔信派或是在加尔文宗这两种禁欲主义运动的影响之下，不同的民族所体现的特征（包括经济特征）差异。

三、 循道宗

一种富于感性因素但依然是禁欲主义的宗教类型，同时对加尔文宗禁欲主义的教义基础越发漠不关心甚至加以否定，形成了一种与大陆虔信派相对应的英美运动的特征，这一运动就是循道宗。就循道宗的字面意思来说，在同时代的人看来它的信徒们所具有的特征是：为了获得“救赎确认”，他们的行为性质具有条理性和系统性。这种特征从这一运动的开始阶段就处于它的宗教诉求的核心地位，并且一直保持如此。尽管循道宗和德国虔信派的某些分支派别存在着种种差异，但是它们之间有着确定无疑的联系，这尤其体现在它们都将条理性首先引入到了皈依的感性行为中来。约翰·卫斯理被摩拉维亚兄弟会和信义宗的影响所唤醒的对感性因素的重视，使得循道宗在大众中间的使命从一开始就呈现出了一种强烈的感性特征，这一点在美国尤为突出。在某些特定的情况之下，忏悔的完成会包含一种非常强烈的感性斗争，进而导致一种极端的癫狂状态，这在美国的一些公共集会中经常出现。它构成了对神赐予的不该领受的恩典的信仰基础，同时也是直接意识到称义和宽恕的基础。

现如今，纵使这种富于感性的宗教信仰与被清教主义永久地标上了理性印记的禁欲主义伦理观之间，存在着相当大的内在差异，但是它们却形成了一种特殊的联合。首先，与认为所有感性事物都是幻象的加尔文宗不同的是，“救赎确认”唯一确切的基础在原则上被认为是一种完全确信受到宽恕的纯粹感受，这种感受是从精神层面的证据中直接得出的，而这一精神证据的出现应当肯定能经得起时间的考验。除此之外，虽然卫斯理关于神圣化的教义与正统教义存在着明显的背离，但是它依旧是正统教义的一种逻辑展开。按照这样的教义，一个获得新生的人能够通过那种已经在他身上显现作用的神圣恩典，甚至在现世中凭借某一瞬间的、通常是独立和突然发生的精神转变就可以实现神圣化，而这种神圣化是一种远离罪恶的完美知觉。尽管达到这种状态相当困难，一般情况下要到一个人生命的终结之际才能实现，但是人们还是必然地会去追求它，因为这种神圣化最终会确保“救赎确认”，并且用一种平静的自信取代加尔文教徒那种消沉的忧虑。而且，这种神圣化使真正的皈依者认为他自己至少已经不再受罪恶的摆布，从而将自己与其他人区分开来。

然而，尽管这种不证自明的感知具有重要的意义，但是依照律法正义地行事应当同样予以坚持。卫斯理对当时强调善行的所有抨击，其目的都是要令那种古老的清教教义得以复兴，这一古老教义指的是：善行并不是行为的原因，它仅仅是一个人获悉自己拥有恩宠状态的途径而已，实际上只有当这种善行唯独是为了上帝的荣耀而履行的时候，才能形成这样的途径。正如卫斯理自己发现的那样，只有正义地行事是不够的，还必须辅之以对于恩典状态的感知。他有时将善行描述为获得恩典的条件之一，在1771年8月9日的宣言中，他就强调了缺乏善行的人不是一个真正的信徒。事实上，循道宗一直认为他们与英国国教在教义方面并无差别，而区别仅仅是存在于宗教实践的领域。这种对于信仰成果的强调在《新约·约翰一书》第三章第九节中得到了最为确切的证明，即行为是获得新生的清晰标志。

但是尽管如此，困难是依旧存在的。对于那些信仰预定论的循道宗信徒来说，他们认为“救赎确认”出现在对恩典和完美状态的直接感知中，而不是产生于（需要不断证明信仰的禁欲主义行为中）对恩典状态的意识里，既然信徒毅力（*perservantia*）的确定性完全取决于单一的忏悔行为，那么在下面的两者之中只能选择其一。要么，那些没有蒙受天恩的弱势群体对基督教的自由产生一种宿命论的解释，进而导致条理性行为的瓦解；要么，这种途径被否决，义人的自信达到前所未有的高度，即：清教模式得到情感的强化。面对反对者的批评，循道宗进行了还击。一方面，它更加强调《圣经》的规范性权威，以及对蒙恩状态进行证明的不可或缺；另一方面，通过恩典可被收回的教义，在事实上加强反对加尔文宗的卫斯理派在运动中的力量。信义宗通过摩拉维亚兄弟会在卫斯理身上施加的强大影响，强化了这一趋势并且使得循道宗伦理观的宗教基础更为不确定。最终，只有新生的概念，也即对救赎的感性确信这种源自信仰的直接结果，被明确地保留下来当作恩典必不可少的基础；而摆脱了（至少是事实上摆脱了）罪恶的掌控所带来的神圣化，也随之被作为获得恩典状态的合理证明。那些获得恩典的外在方式，特别是圣礼的重要性，则相应被削弱了。不论如何，在信奉循道宗的所有地方产生的普遍觉醒，例如在新英格兰地区，都意味着蒙恩和选召教义的胜利。

因此从我们的视角来看，循道宗的伦理观与虔信派类似，它看似是以一种不确定性作为基础的。但是对于更高层次的生活渴望——再次蒙受天恩——使它成为预定论的一种权宜之计。此外，循道宗发源于英国，它的伦理实践与英国清教的伦理实践存在着紧密的关联，而它所渴望的也正是英国清教的复兴。

皈依的感性行为是被循道式地诱发出来的。而当达到这种状态的时候，随之而来的并不是青岑多夫那种感性的虔信派所具有的与上帝天人合一的极乐，与此相反的是，一旦这种感性被唤醒，它就会被投入到争取完美状态的理性斗争中。因此循道宗信仰的感性特征并没有导向成为德国虔信派那种精神化的宗教感知。对于这一事实，施内肯布格尔早已指明，它与罪恶感的发展程度不够强烈是相互关联的（而这要部分地直接归因于皈依的感性体验），这一点在有关循道宗的讨论中是公认的观点。在这里，循道宗的宗教感知中那种本质上属于加尔文主义的特性，依旧具有决定性的作用。以宗教狂热的形式表现出来的感性刺激虽然只是偶尔出现，但是它却具有极强的煽动性，然而这绝不意味着会破坏行为的其他理性特征。由此，循道宗的新生观仅仅是为纯粹的善行教义提供了一种补充，在抛弃了预定论之后，为禁欲主义行为创造了一个宗教基础。行为是确定一个人是否真正皈依的途径，甚至有时卫斯理还将其称为真正皈依的条件，而事实上这种行为所带来的标记也与加尔文主义的标记完全一致。由于循道宗是一个新生派别，在接下来的论述中我们大体上会将其忽略，因为它对于天职观的发展并没有提供什么新意。

四、 浸礼宗诸派

从思想内容和历史重要性上看，欧洲的大陆虔信派和盎格鲁—撒克逊民族的循道宗，都属于次要的宗教运动。而另一方面，除了加尔文宗，我们又发现了一种新教禁欲主义的独立来源，那就是浸礼运动以及在 16 世纪和 17 世纪期间，直接派生于浸礼运动或者是接受了其宗教思想形式的各种教派，即浸礼宗、门诺派，尤其是贵格会。借助于这些教派，我们将近距离观察那些在伦理观的基础上与加尔文宗的教义存在原则性差异的宗教团体。而以下的描述仅仅会侧重于对我们来说具有重要意义的内容，不能体现出浸礼运动本应具有的多样性。而我们首要的重点会再次放到那些老牌资本主义国家的发展状况上。

所有这些宗教团体具有一种在历史上和原则上都极为重要的共性，那就是我们已经熟知的“信徒的教会”，但是它给文化发展带来的影响则只能通过另一种不同的关联才能看清。这就意味着宗教团体（宗教改革运动中各教会所言的有形教会）不再被视作是寻求超自然目标的一种信托机构，不管这种信托机构是（加尔文宗的）为了增添上帝的荣耀，还是（天主教和信义宗的）为人类提供获得救赎方法的媒介，它都必然包括义人和非义人；而只是被视作由那些相信新生的信徒们组成的团体，并且这种团体仅仅是由这些信徒构成。换句话说，这种宗教团体不再是一种教会，而成为一种教派。只有亲身获得信仰的成年人才可以接受洗礼，成为这种团体纯粹的外在形式原则的象征。正如浸礼宗的信徒在所有的宗教讨论中反复坚称的那样，在他们看来“因信称义”与在现世中为基督服务的观念有着本质的区别，后一种观念在早期新教的正统教义那里占有着支配地位。与此相反，因信称义则存在于精神上占有上帝赐予的救赎之中。但是唯有当圣灵在个体中发挥作用从而实现个体的心灵启示时，这种情况才得以出现。每个人都可以因信称义，并且等待圣灵的降临便已足够，故而不要因为对现世的罪恶眷恋而阻碍了圣灵的降临。因此，从对教会教义的认识，到寻求蒙受天恩的忏悔这两方面的意义来说，信仰的重要性被大大弱化了，与之相伴而生的是一种早期基督教的圣灵教义的复兴，当然这种复兴包含有显著的修正。例如，门诺·西门在他的《基督教救赎教义基础读本》（1539 年）中为门诺派首次提出了合理而一致的教义，与其他浸礼宗诸派一样，门诺·西门希望这一教派成为真正无可非议的基督教会，从而组成一个与使徒的团体一样，完全由自我觉醒的和上帝选召的人们组成的教会。那些获得再生的人，并且只有那些人才是基督的兄弟，因为他们在精神上与基督一样，是由上帝直接创造的。与现世完全地隔绝，避免与世人进行一切不必要的交往；加上对《圣经》至高无上的严格遵从，将早期基督徒的生活作为榜样，这两点就是初期浸礼宗团体的产物，并且只要旧有的精神依旧存在，这种与现世隔绝的原则就不会彻底消亡。

浸礼宗诸派将一种从早期浸礼宗的那些核心观念中保存下来的原则作为恒久不变的财富，我们已经从加尔文宗那里（虽然思想基础多少有些不同）熟知了这一原则，并且它的重要性还将反复出现。这一原则就是他们禁绝任何对于肉体的崇拜，认为这有损专属于上帝的尊崇。早期瑞士和德意志南部的浸礼宗信徒与青年时期的圣方济各一样，激进地认为《圣经》中的生活方式就是禁绝一切世俗享乐，完全以使徒的生活作为榜样。事实上，许多早期的浸礼宗信徒的生活也确实令人联想到圣贾尔斯那种生活方式。但是从它与信仰的精神特征的关系来看，这种对《圣经》戒律的严格审视并不具备稳固的基础。这是因为上帝赐予先知们和使徒们的启示，并不是他应许和将要启示的全部内容。与之相反，《圣经》所具有的持久的生命力并不在于它的字面意思，而在于圣灵在日常生活中显现的力量，它可以启示任

门诺·西门（Menno Simons，1496—1561），荷兰天主教神父，浸礼运动领袖人物。

圣贾尔斯（St. Giles，650—710），希腊早期基督教隐居修士。

何愿意倾听的人，这才是真正的基督教会的唯一特征。正如施文克费尔德在反对路德时所提倡的，以及在此之后福克斯用以反对长老会教徒的，都是早期基督教团体的箴言。从这种持续性启示的观念中发展出来的知名教义，即归根结底具有决定性重要意义的、存在于理性和良知中的圣灵箴言，在后来因为贵格会的坚持而得以实现。这一教义虽然没有危害到《圣经》的权威，但它破除了《圣经》独一无二的权威，同时开启了一种发展进程，即彻底消除那种凭借教会获得救赎的教义的所有残余；这不仅对于贵格会是如此，甚至对于浸礼宗和领圣餐仪式也同样如此。

施文克费尔德（Kaspar Schwenkfeld，1481—1561），德国西西里亚贵族，基督教改革家。

浸礼宗诸派与预定论主义者，特别是与完全的加尔文宗信徒一起，对所有旨在获得救赎的圣礼进行了最为激进的贬低，因而以最为极端的方式完成了对现世的宗教理性化。只有依靠内心之光的持续启示，人们才能够理解甚至是上帝在《圣经》中的启示。另一方面，至少根据在这里可以得出逻辑结论的贵格会教义，内心之光的影响可以延伸到那些对《圣经》的启示作用毫不知晓的人们那里。而“教会之外不得救赎”的论点，则仅仅适用于那些受到圣灵启发的信徒们的无形教会。如若没有内心之光，自然人，哪怕是那些接受自然理性指引的自然人，也不过是行尸走肉而已，他们的无神论受到了包括贵格会信徒在内的浸礼宗信徒的谴责，这种谴责甚至比来自加尔文宗信徒的谴责更为严厉。另一方面，新生是因圣灵而获得的，如果我们期待圣灵的降临并对其敞开心扉，那么由于圣灵的神圣性，它会引领我们彻底地战胜罪恶的力量，不用说失去恩宠的状态，就是罪恶的卷土重来也是不可能发生的。然而这种状态的获得，在后来的循道宗那里并没有被看做是一种规律，与之相反，循道宗认为个人的完善程度要取决于自我的发展。

但是所有浸礼宗的团体，都希望能够在其团体成员的行为无可非议的意义上，成为纯洁的教会。与现世和现世利益真正地隔绝，以及凭借良知表达对上帝无条件地皈依，才是真正获得新生唯一不容置疑的标志，而与之相应的行为方式也因此成为获得救赎的必要条件。所以上帝的恩典是不能博取的，而只有那些依从良知指引的人才有理由确认自己的新生。在这层意义上说，善行是一种不可或缺的前提。正如我们所见，我们一直遵循的巴克利的这一推论，实际上与加尔文宗的教义是一致的，同时这种推论无疑是在加尔文宗禁欲主义的影响下发展起来的，而这种影响一直萦绕在英格兰和苏格兰的浸礼宗诸派周围。乔治·福克斯在其早期的所有传教活动中，都致力于劝诫人们真诚而认真地践行这一理念。

巴克利（Robert Barclay，1648—1690），苏格兰贵格会辩护士，著名宗教作家。

然而，由于否定了预定论，浸礼宗

道德观特有的理性特征在心理上首先要依赖于期待圣灵降临的观念，甚至在今天这种观念依旧是贵格会祈祷集会的特征，同时巴克利对它也进行了很好的诠释。这种静默的期待，其目的是克服一切冲动和非理性的事物，抑制自然人的激情和主观的利益欲求。人们必须静下心来才能够营造灵魂的宁静，而只有这样才可以聆听到上帝的圣言。当然，这种期待可能导致歇斯底里的状态以及各种预言的产生，并且只要是获得新生的希望依旧存在，那么在某种情况下这种期待甚至还可能引起积蓄千年的宗教狂热的爆发，而这种狂热存在于所有类似的宗教形态中。实际上，这种情况已经出现在明斯特那个被瓦解的宗教运动中。

但是当谈及浸礼宗对日常世俗世界所产生的影响，那种认为上帝只会在世人的肉体安静下来的时候才会传达圣言的观念，很明显是为了促使人们仔细地权衡行为方式，同时依据个人良知认真地进行称义。各种后来的浸礼宗团体，尤其是贵格会的信徒，都接受了这种恬静、温和又极具良知的行为方式。将魔法和巫术从现世中彻底剔除，就使得人们除了依从入世的禁欲主义之外，不可能再存有任何其他的心理活动。鉴于这些团体与政治权力及其行为毫无瓜葛，他们所产生的外部效应就是使这些禁欲主义的美德渗透进了履行天职的生活之中。那些最早期的浸礼运动领导人都无情而激进地对世俗欲求进行摒弃。当然，即便是对于这些第一代的浸礼宗信徒来说，他们也没有把严格的使徒生活方式作为每个人获得新生所绝对必需的证明。即便是在这一代浸礼宗教徒中间，甚至在门诺之前，都有一些富裕的资产阶级坚决地维护日常生活中的世俗美德和私人财产制度；事实上，浸礼宗严格的道德观已经并入了加尔文主义伦理观所设定的轨迹中。而这仅仅是由于通向离世隐修形式的禁欲主义的道路自从路德之后就被关闭了，因为这一道路无法在《圣经》中找到依据，并且含有依靠善行获得救赎的意味，在这方面浸礼宗遵从了路德的观点。

然而，除了早期那些具有半共产主义性质的团体之外，一个被称为“登卡尔派”的浸礼宗派别，至今依旧对教育和任何超出生活所必需的财产占有持谴责的态度。甚至巴克利在看待人对天职的责任时也没有采纳加尔文宗或是路德宗的观点，而是选择了托马斯的观点，将天职责任看成是一种“自然理性”，是信徒不得不生活在现世之中的必然结果。

> 登卡尔派（Dunkerds），基督教新教浸礼宗教会。源于德文Tunkers，意为“受浸者”，该派成立于德国，现存于美国。因为其信徒在受洗时需要全身施行浸礼而得名。友爱会（Church of the Brethren）为其最大的组织。

这种态度意味着加尔文主义的天职观如同斯彭内尔和德国虔信派的天职观一样，遭到了削弱。另一方面，浸礼宗诸派别在多方面因素的作用下，对经济职业的关注有着显著的增强。首要的因素是他们拒绝在政府部门出任公职，而这又源自于拒绝一切世俗事物的宗教义务。当这一宗教义务在原则上被抛弃后，它的效力实际上至少依旧留存于门诺派和贵格会之中，因为他们拒绝佩带武器或者宣誓，而这就足以将他们排除出公职的序列。与此同时，浸礼宗的所有派别都坚决抵制任何贵族式的生活方式。这一情况部分是因为如加尔文宗一样的禁绝所有肉体崇拜所产生的结果，部分是由于前面提及的非政治的甚至是反政治的原则所产生的结果。因此，浸礼宗行为所具备的一切精明而正直的合理性便被灌入了非政治的天职中。

同时，浸礼宗有关救赎的教义认为良知具有极大的重要性，它是上帝给予世人的启示，这一启示使人们履行世俗天职的行为带有一种特性，这一特性对于资本主义精神的发展具有最为重要的意义。我们不得已要在后面再来考虑这一问题，因为只有在那时才能在不触及新教禁欲主义的整个政治和社会伦理观的情况下对这一问题进行研究。但是在此之前，我们已经让人们对资本主义伦理观中最为重要的原则加以注意，这一原则通常被表述为“诚实为做人之本”。它的经典案例正是前文引用的富兰克林的短文。甚至在17世纪的人们看来，浸礼宗，尤其是贵格会所秉持的入世禁欲主义的具体形式，实际上也接受了这一原则。另一方面，我们应当预见到的是，加尔文主义的影响更多地是解放了人们获取私有财产的活力。因为即使存在众多有关上帝选民的繁文缛节，但实际上歌德的言辞往往已经足够适用于加尔文教徒，那便是：“行动的人从来都是无情的；除了旁观者，没有任何人有良知。”

对于浸礼宗诸派来说，一个增强其入世禁欲主义强度的更为深层而重要的因素，则只能在另外一种背景下才能考量它全部的重要意义。虽然如此，为了证明我们已经选择的叙述次序是合理的，我们不妨先对这个问题稍作讨论。我们是完全有意地没有将早期新教教会的客观社会制度作为我们研究的起点，也没有将其伦理影响和重要的教会戒律作为研究起点。我们更愿意将这一起点放在那种因主观上接受禁欲主义信仰而产生的对个人行为的影响上。这不仅是由于事情的这一方面所受到的重视程度远远弱于前一方面，而且还因为教会戒律的影响绝不可能始终如一。与之相反的是，教会对于个人生活的监督，正如它在加尔文主义的国教教会中施行的那样，几乎无异于宗教法庭，这甚至有可能阻碍到个人才能的释放，而且在有些时候情况也确实如此，然而这种个人才能的释放，本身已经受到了对于获得救赎的理性禁欲主义追求的制约。

重商主义的国家管控可以使工业得以发展，但是凭借这一国家管控，或者说仅凭这一管控是不能培育出资本主义精神的；而且当它带有专制的威权性质时，在很大程度上它还会直接阻碍资本主义精神的发展。因而，当教会规范变得过分专制时，就会导致相似的结果。它可以强化某种表面的一致性，但是在某种情况下却削弱了理性行为的主观动机。任何有关这一点的探讨都必须对两种戒律所产生结果的巨大差异进行考量，一种是英国国教教会威权主义的道德戒律，一种是建立在自愿皈依基础上的各教派的相应戒律。各地浸礼运动所建立的基本上是教派组织而不是教会，这恰恰有利于加强它们的禁欲主义，而加尔文宗、循道宗和虔信派团体的情况在不同程度上也是如此，它们因势所驱形成了自愿皈依的团体。

至此，我们已经尝试着描绘出了清教天职观的宗教基础，我们接下来的任务就是探究这一天职观在商业世界中所产生的结果。我们注意到了这些不同的禁欲主义运动在各个方面表现出来的细节和侧重点的差异，同时也发现了它们之间存在的重要的共同之处。但是，鉴于我们所要达到的目标，问题的关键概括起来就是宗教恩典状态的观念，这一观念为所有宗教教派所共有，它标志着享有恩宠的人可以与肉体堕落和世俗世界划清界限。

另一方面，尽管获得恩典的途径因不同的教义而不同，但是它不能通过任何神秘的圣礼而获得，也不能通过忏悔的慰藉或是个人的善行而获得。恩典的获得只能通过一种特殊的行为类型加以证明，这完全有别于自然人的生活方式。而随之而来的是一种在个人行为中系统地监督自身蒙恩状态的动机，并因此将禁欲主义渗透进个人行为之中。但是，正如我们所证实的那样，这种禁欲主义行为意味着完全依照上帝的意志，对个人的全部生活进行理性的规划。同时这种禁欲主义已不再是一种“不堪承担的义务”，而成为每一个可以获得救赎的人都能够做到的事情。区别于自然生活的圣徒宗教生活，不再是那种远离世事的隐修团体式的生活，而是身处世俗世界和它的各种制度之中的生活，这一点最为重要。这种在现世中为了永世而进行的行为理性化，正是禁欲主义新教的天职观念带来的结果。

起初脱离现世而与世隔绝的基督教禁欲主义，已经掌控了这个先前被它挡在修道院和教会之外的世界。但总体而言，它保留了日常世俗生活中天然的自发特性。现在基督教禁欲主义砰地关上了身后修道院的大门，大步迈入了生活的集市，开始着手将自己的秩序渗透进日常生活中去，并使之成为现世中的一种生活，然而这种生活既不属于现世，也不为现世而存在。它所带来的影响，正是我们在接下来的讨论中所要厘清的。

第五章　禁欲主义与资本主义精神

经典名句

- 时光弥足珍贵，虚度一寸光阴就是虚度一寸为上帝的荣耀而效劳的宝贵时辰。
- 除了粗茶淡饭和冷水浴以外，一剂既可用来抵御各种性的诱惑，又可用来对抗宗教质疑和道德沦丧的药方就是："恪尽职守"。而最为重要的是，要像上帝命令的那样，更进一步地把劳动本身当作是人生的目的。
- 履行天职的人生是一种禁欲主义美德的操练，一种因虔诚之心而蒙受天恩的证明，而这种虔诚体现在他履行天职时的谨慎与条理中。上帝召唤的并非是劳动本身，而是在履行天职时的理性劳动。
- 因蒙受天恩而得以完善自我的感恩戴德渗透进了中产阶级清教徒的生活态度中，并且在资本主义英雄时代塑造人们规范刻板、勤劳刻苦和严谨端正的性格的过程中发挥了作用。

荒岛求生的鲁宾逊

为了理解禁欲主义新教的基本宗教观念与这一观念为日常经济行为所设定的准则之间的关系，我们有必要对那些显然是源于教牧活动的著作进行一番专门的考察。这是因为，在一个身后世界意味着一切、基督徒的社会地位取决于他是否被获准参加领圣餐仪式的时代，牧师通过他的教职、教规和布道所产生的影响是我们现代人完全无法想象的。在那样的时代里，借助这些渠道得以彰显的宗教力量，对于民族性格的形成具有决定性的作用。

就本章所要达到的目的而言，我们不妨将禁欲主义新教看做是一个单一的整体，不过这样做绝不是为了本书的所有目的。但是，鉴于发轫于加尔文宗的禁欲主义英国清教为天职观提供了最为一致的宗教基础，我们因此应该沿用前文的方法，将它的一位代表人士作为我们讨论的中心。理查德·巴克斯特（Richard Baxter）在许多清教伦理作家中鹤立鸡群，这不仅由于他非常突出的重视实践和现实主义的态度，同时还因为他的作品所赢得的普遍认可，这些作品被多次再版而且被翻译成了多种外国文字。他是一名长老会成员，并且是威斯敏斯特宗教会议的辩护者，但与此同时，和同时代众多的杰出人物一样，巴克斯特逐渐疏远了纯加尔文主义的教条。他在心底里反对克伦威尔的篡权，正如他反对任何革命一样。他对宗教教派不感兴趣，也不赞同圣徒们那种狂热的激情，但是对于表面的标新立异他却十分包容，同时也能客观公允地对待自己的反对者。他最致力于其中的工作就是借助教会的影响，实际地提振人们的道德生活。在追求这一目标的过程中，作为历史上最为杰出的牧师之一，他先后供职于议会时期、克伦威尔时期和王朝复辟时期，最后在圣巴特罗缪日（St. Bartholomew）前夕从复辟政府告老隐退。他的著作《基督教指南》（*Christian Directory*）是最为完整的清教伦理纲要，同时他还凭借在教牧活动中积累的经验对其进行调整。在比较中我们会选取斯彭内尔的《神学思考》（*Theologische Bedenken*）作为德国虔信派的代表作，选取巴克利的《辩解书》（*Apology*）作为贵格会的代表作，同时参考其他一些禁欲主义伦理观的代表性著作，然而碍于篇幅，我们会尽量将这一比较限定在一定的范围之内。

在浏览巴克斯特的《圣徒永恒的安息》（*Saints' Everlasting Rest*）或是他的《基督教指南》，抑或是别人的同类著作时，只需大略一看就会吃惊地发现，这些著作在讨论财富以及财富的获取时，均强调了《新约》中的伊便尼派的元素。在他们那里，财富本身就是危险的，它的诱惑永无止境，追逐财富不仅与上帝之国的无上重要性相比是毫无意义的，而且这种追逐在道德上也是值得怀疑的。此种禁欲主义似乎比加尔文更为尖锐地反对获取世俗财物，而在加尔文看来财富不仅不会妨碍神职人员发挥自身的作用，而且还能大大提高他们的威望。因此加尔文允许神职人员进行营利活动。而在清教徒的著作中则满是对追逐金钱和财富的谴责，与之相比，在这个问题上，中世纪晚期的伦理文献要开明很多。

伊便尼派（Ebionites），又译“伊比奥尼派”，是早期基督教派别。“伊便尼”源自希伯来文，意为“穷苦人”，故该派别又称“穷人派”。活跃于1—4世纪的巴勒斯坦，是倾向于犹太教的基督教派，后消亡。

而且，这些对财富的质疑是相当严肃的，因此为了理解这些疑虑真正的伦理意义和本质，我们就必须更为深入地对其进行考察。他们真实的道德异议在于，拥有财富会使人懈怠，享受财富会使人懒散并沉溺于肉体的享乐，最为重要的是它会使人在追求正直的生活时精神涣散。其实，拥有财富之所以招致非议，归根结底是因为它有使人懈怠的危险。因为圣徒永恒的安息是在天堂；而在现世中人们为了确保自己的蒙恩，就必须“完成主所指派于他的工作，直至白昼隐退”。依照上帝意志的明确昭示，人们不可安逸享乐，而唯有劳作方能增添上帝的荣耀。

于是，虚度光阴便成了万恶之首，而且在原则上乃是应罚入地狱的罪孽。人生极其短暂，在这其中最为重要的当属确保自己成为上帝的选民。将时间浪费在社交、闲谈、放纵，甚至是超过健康所需时间（至多6到8个小时）的睡眠上，都绝对应该受到道德的谴责。这一主张虽然尚未像富兰克林那样认为时间就是金钱，但是从某种精神意义上说，它确实是一条真理。时光弥足珍贵，虚度一寸光阴就是虚度一寸为上帝的荣耀而效劳的宝贵时辰。鉴于此，那种消极的默祷同样是毫无价值的，而如果这种默祷还是在占用日常工作时间的情况下进行，那么它更应该直接受到斥责。这是因为，与之相比，上帝更乐见人人按照他的意志积极地履行自己的天职。更何况礼拜日已经为人们提供了默祷的时间，在巴克斯特看来，往往是那些不能勤于履行天职的人，在本应与上帝进行交流的时候却没有时间进行默祷。

与之相应，巴克斯特的主要工作便是持续不断地，有时几乎是激情洋溢地宣扬那种孜孜不倦的体力或脑力劳动。这要归因于两种不同动机的结合。一方面，劳动被公认为是一种遵从禁欲主义的方法，在西派教会中一直如此，这不仅与东派教会，而且与世界各地几乎所有的修行戒律均形成了鲜明的对比。对于那些被清教统一称为不洁生活的诱惑而言，劳动尤其是一种具有特效的抵御手段，并扮演着举足轻重的角色。清教主义有关性欲的禁欲主义只是在程度上，而非原则上与隐修制度的相关禁欲主义有所区别；鉴于清教的婚姻观念，它的实际影响要比后者深远得多。

性交、哪怕是婚姻内的性交之所以被允许，只是因为它被当作是遵从上帝“孳生繁育吧”的训令而增添上帝荣耀的手段。除了粗茶淡饭和冷水浴以外，一剂既可用来抵御各种性的诱惑、又可用来对抗宗教质疑和道德沦丧的药方就是：“恪尽职守”。最为重要的是，要像上帝命令的那样，更进一步地把劳动本身当作是人生的目的。圣保罗的“不劳动者不得食”应该无条件地适用于所有人。厌恶劳动就是不得恩典的症候。

这里非常明显地表现出了与中世纪观点的分歧。对于圣保罗的这句名言，托马斯·阿奎那同样给出过他的解释。但是在他那里，劳动不过是维持个体和共同体得以存续所必需的自然理性而已。一旦实现了这一目的，这则箴言便毫无意义了。并且它只是对人类整体而言的，而非意指个人。它不适用于那些坐享自己的财产而无需劳动的人，而默祷作为一种在天国中进行精神活动的方式，自然就超然于这一箴言的字面意义之上了。另外，那个时代盛行的神学还认为，隐修生活的最高成就，是通过祈祷和圣歌来充实“圣库”。

巴克斯特自然不会再认可这些在履行劳动义务时的例外情况，他十分坚信财富不能使任何人免于遵从这一绝对的训令。即使是富人也不能不劳而食，因为即便他们不用依靠劳动来支撑自己的生计，但是他们和穷人一样，都必须要遵从上帝的这一圣训。上帝毫无例外地为每个人都设定好了一个天职，人人都应以此为业并辛勤耕耘。这种天职并非如信义宗宣称的那样是一种人们必须服从，并且要充分利用好的命运，而是上帝向每个人下达的圣命，让他们为了神的荣耀而劳作。这种看似细微的差异却产生了深远的心理影响，与此相联系的是用神意对经济秩序进行解释的进一步发展，而这种解释最早始于经院哲学。

在托马斯·阿奎那看来，社会中的劳动分工和职业分工是神安排万物的直接结果，当然，其他人也有过类似的解释，不过引述他的观点可能最为方便。但是，他认为每个人在宇宙中的位置都是遵循“自然原因”而设定的，具有偶然性（在经院哲学的术语中叫做“不受宿命论左右的”）。正如我们所见，在路德看来那种在历史的发展进程中形成的阶级分化和职业分工，是圣意的直接结果。作为一项宗教责任，每个人都应坚守在上帝为他设定的位置上而不逾此矩。鉴于信义宗与现世的关系大体上从一开始就不清楚，并且一直如此，所以这个结论也就更为确定了。在路德的思想理念中无法找到变革现世的伦理原则；事实上，他的理念始终没有摆脱圣保罗那种对现世的冷漠。因此，在路德看来，人们对于现世就应该随遇而安、完全接受，只有这样才能培育出上述那种宗教责任。

但是在清教徒看来，神意在支配私人经济利益时的着力点稍有不同。与清教徒倾向于进行实用主义的解释相一致，他们认为只有通过劳动分工的效果才能辨析神意之所在。而巴克斯特对这一问题的所有表述，都不止一次地令人联想起亚当·斯密对劳动分工的著名颂扬。由于职业的专业化使技术的发展提升成为可能，便增加了生产的数量也提高了生产的质量，这有利于促进公共利益，也就是促进了最大多数人的利益。据此，这种动机带有纯粹的功利性，它与同时代许多世俗文献的流行观点有着密切的关联。

然而，巴克斯特在开始论述的时候就已经为我们呈现出了典型清教徒的特点，那便是："如果人没有一项明确的天职，那么他的一切成就只能算是偶然而非正式的，他会把时间浪费在游手好闲而非辛勤耕耘之上"，由此他得出的结论是："他（有专业技术的劳动者）会井然有序地开展工作，而其他人则只能长久地陷入困惑之中，这些人既没有合适的时间也没有合适的场所来开展自己的事业……因此，每个人都最好有一份确定的天职。"普通劳动者常常要被迫接受非正式的工作，虽然这种情况是在所难免的，但它依旧是一种令人不悦的过渡状态。因此，没有天职的人就会缺乏系统性和条理性，然而正如我们所见，入世禁欲主义所要求的正是这些特性。

贵格会的伦理观同样认为，履行天职的人生是一种禁欲主义美德的操练，一种因虔诚之心而蒙受天恩的证明，而这种虔诚体现在他履行天职时的谨慎与条理中。上帝召唤的并非是劳动本身，而是在履行天职时的理性劳动。清教天职观的重点始终在于这种入世禁欲主义的条理性，而不是像路德那样，全盘接受上帝为人们预定好的恒定宿命。

因此，清教徒对于人能否从事多项天职的问题给予了肯定的回答，只要它有利于公共利益或者个人利益，并且对任何人无害，同时它还不能导致人不忠于自身所从事的任何一项天职。纵使改换天职也决不会引起异议，只要这种改换不是因轻率所致，而是为了从事某项令上帝更为满意的天职，也就是说，根据一般性原则，去选择一项更为有益的天职。

的确，一项天职是否有益并且就此博得上帝的青睐，主要是依靠道德标准进行衡量，进而就是根据这一天职为“共同体”所提供财富的重要性来衡量。然而另外一个更为深层的、在现实中也最为重要的评判标准，是私人的可营利性。因为在清教徒看来，上帝之手掌控了生活中的一切存在，如果上帝赐予他的某个选民以盈利的机会，那么他必定出于某种目的。因此，虔诚的基督徒必须遵从这一召唤，并充分利用好这一天赐良机。“如果上帝为你指明了一条道路，那么遵循此路你可以合法地获取更多的利益（而不会危害你的灵魂或者他人），但如果你拒绝遵循这一道路而选择了不易获利的途径，那么就背离了你的天职所要达到的目的之一，也就是不肯成为上帝的仆人，并拒绝接受他的恩赐以及遵从他的意志利用这些恩赐，而上帝的圣命是：你须为上帝而辛劳致富，但不可为肉体和罪孽如此。”

因此，只有当财富成为使人游手好闲、罪恶地沉溺于人生享乐的诱惑时，它在伦理上才是有害的；只有当获取财富的目的是为了日后可以惬意生活而且高枕无忧时，它的获取才是不正当的。然而，当获取财富是天职中一项需要履行的责任时，那么它不仅在道德上是被允许的，而且事实上是必须践行的。那则关于一个仆人因未能增长上帝赐予他的才能而被抛弃的寓言，似乎直接说明了这一点。经常有人争论称，希望成为穷人就如同希望生病；这种对贫穷的赞颂相当于对上帝荣耀的贬损。特别是那些虽有劳动能力却以乞讨为生的人，他们不仅犯下了懒惰的罪孽，而且根据使徒的说法，他们亵渎了胞爱的责任。

强调固定天职在禁欲主义中的重要意义，为现代专业化的劳动分工提供了伦理依据。同样地，对盈利活动的神意解释也证明了商人活动的正当性。在禁欲主义看来，封建贵族的浮华奢侈与暴发户的挥金如土同样令人憎恶。而另一方面，它对中产阶级的节制有度和自力更生给予了极高的伦理评价。“上帝保佑他生意兴隆”这句常用的评价所指的正是那些谨遵神意指示而功成名就的善人。《旧约》中的上帝会奖赏其子民今生的遵从，而他的全部能量对清教徒的影响也必是如此，这些清教徒必须听从巴克斯特的劝告，他们要将自己的蒙恩状态与《圣经》中英雄的蒙恩状态相比较，与此同时还要将《圣经》的经文解读成法律的条款。

当然，《旧约》中的描述也不完全是清楚明白的。我们已经知道，路德在翻译《西拉书》的一个段落时，首次在世俗意义上使用了“天职”的概念。尽管《西拉书》受到了希腊文化的影响，但是根据此书所表达出来的基调，它还是属于那些明显带有传统主义倾向的《旧约》次经。一个典型例子是，直到今天《西拉书》似乎依旧受到信仰信义宗的德国农民的偏爱，正如德国虔信派的众多分支中对这本书的喜爱，也证明了信义宗的影响甚广。

不过，由于清教徒一贯严格地区分神性之物和人性之物，他们认为次经并非是上帝的启示，因此对其加以拒绝。但在《圣经》正经中，《约伯记》的影响越发重大。一方面，它包含一个极为重要的观念，即上帝拥有绝对的最高权威，而这完全超乎人类的理解能力（这与加尔文宗的观点非常接近）。另一方面，它也确信上帝的子民会在今世就得到上帝的赐福（仅见于《约伯记》），其中包括物质财富上的赐福，虽然这对于加尔文是无足轻重的，但是对于清教来说却有着极为重要的意义。在《诗篇》和《箴言》好几首优美的诗中展现的东方敬虔主义在这里被放弃了，同样，巴克斯特对《哥林多前书》中带有传统主义色彩的段落也进行了不同的解释，这对他的天职观至关重要。

但是，清教徒更为看重的是《旧约》中那些赞颂以宗教律法来规范个人行为的部分，认为这是令上帝满意的记号。他们秉持的理论是：所谓“摩西律法”在基督之后就丧失了合法性的说法，只是在其包含那些仅适用于犹太民族的礼法或纯粹历史性戒令的范围内而言的，但是除此之外，它作为自然法的表述却永远是有效的，因此必须予以保留。一方面，这种理论为清除摩西律法中那些与现代生活相脱节的部分提供了可能性。另一方面，由于《旧约》与这些部分有着千丝万缕的联系，《旧约》的道德观就能够有力地促进自命正直和克己守法的精神，而这种精神正是入世禁欲主义新教的典型特征。

因此，当同时代的以及后来的一些作家将清教，特别是英格兰清教的基本伦理取向描绘成英国式的希伯来精神时，如果我们能对其加以正确的理解，那么就会明白他们的观点是正确的。但无论如何，我们都绝不能将这种英式的希伯来精神当作是《圣经》成书时代的巴勒斯坦犹太主义，而应将其视为在经过了若干世纪的规范化和律法化，以及在《塔木德经》的教育影响下发展形成的犹太主义。即便如此，我们在进行比较时依旧要非常谨慎。早期的犹太主义总体倾向于一种朴素的人生观，这与清教主义的特性相去甚远。同样不容忽视的是，这种清教特性也与中世纪和现代的犹太主义经济伦理相去甚远，这些特征就决定了两者在资本主义精神气质的发展进程中所处的地位。犹太人秉持的是一种政治和投机导向的风险资本主义；简言之，他们所具有的是一种贱民资本主义（pariah-capitalism）的精神气质。但与之相对，清教所具有的精神气质是对资本和劳动进行理性的组织。它从犹太教的伦理观中吸取的仅仅是顺应这一目标的部分。

碍于篇幅，我们无法在这里分析《旧约》的规范在渗透进生活后对人们性格的影响，虽然这项研究十分令人神往，但即便是对于犹太教来说，这一研究也尚未得出令人满意的结果。除了前面已经指出的清教与犹太教二者存有的关系外，另一点非常重要的是，一种精神信念得到了伟大的复兴，那就是清教徒们普遍信仰他们是上帝的选民。甚至连温和的巴克斯特也感谢上帝将他降生于英格兰，并因此进入了真正的教会而非其他地方。因蒙受天恩而得以完善自我的感恩戴德渗透进了中产阶级清教徒的生活态度中，并且在资本主义英雄时代塑造人们规范刻板、勤劳刻苦和严谨端正的性格的过程中发挥了作用。

清教天职观及其对禁欲主义行为的倡导直接影响了资本主义生活方式的发展，现在就让我们来试图阐明其中的若干重点。正如我们所见，这种禁欲主义倾尽全力所要抵制的，是本能的生活享乐以及因其产生的一切后果。而这一点可能在围绕《关于体育运动的布告》（*Book of Sports*）展开的斗争中体现得最为典型，作为对抗清教的手段，詹姆斯一世和查理一世将其纳入法律，并且查理一世还命令在所有的布道坛上都要宣读这一布告。国王以法律的形式准许人们在礼拜日的礼拜时间之外进行世俗的娱乐活动，清教徒之所以对此极端地反对，不仅是因为这扰乱了安息日的宁静，而且还因为清教徒憎恶这种活动会使人们有意地背离圣徒那样的有序生活方式。而从国王的角度出发，他威胁要严加惩处任何针对那些活动合法性的攻击，其目的在于破坏清教反对威权的禁欲主义倾向，因为这对于王国来说太过危险。封建势力和君主势力保护那些追求欢娱的人，并反对新兴中产阶级的道德观及其反威权的禁欲主义秘密宗教集会，这正如今天的资本主义社会保护那些愿意工作的人，并以此反对无产阶级的阶级道德观及其反威权的工会组织，两者并无二致。

与此相对立，清教徒坚持了自己的核心特质——禁欲主义的行为原则。如果不是出于这一原因，清教徒对体育运动的厌恶也不会触及原则，即便是贵格会也不会如此。如果体育运动是为了恢复体能的理性目标，那么它是可以被接受的。但是，倘若它成为任意释放无节制冲动的途径，那么它就应该受到怀疑；而体育运动一旦变成纯粹享乐的工具，或是变成唤醒人们的骄傲自大、粗野本性抑或非理性的赌博本性的手段时，它就绝对应该受到严厉的谴责。享受人生的冲动，不管它的表现形式是贵族王公们的体育运动，还是普通平民在舞厅或酒吧中的纵情欢娱，都会误导人们疏远履行天职的劳动，而且还会误导人们背离宗教，而其本身就是理性禁欲主义的仇敌。

因此，清教对于文化中那些不能直接体现宗教价值观的内容都持怀疑态度，而且时常还怀有敌意。然而，这并不意味着清教理念中暗含着一种针对文化的严肃而狭隘的蔑视。正好与此相反，清教至少没有如此对待科学，而它针对经院哲学的憎恶是个例外。更何况，清教运动中众多的代表人物都曾深深浸染于文艺复兴时期的文化。长老会的牧师们在布道中处处引经据典，甚至连激进派也并不耻于在神学辩论中展现自己在这方面的造诣，尽管他们对文化持有异议。可能没有哪个国家能够像新英格兰那样，在立国之初就拥有如此众多的大学毕业生。而且即便是清教的反对者在对其进行讽刺时，比如巴特勒的《休迪布拉斯》(*Hudibras*)，也只是将讽刺的重点放在清教徒迂腐的学究气和自命不凡的雄辩术上。这部分地是由于他们对知识的宗教评价，而这种评价又取决于他们对天主教“绝对信仰”的态度。

塞缪尔·巴特勒(Samuel Butler，1612—1680)，英国诗人和讽刺作家。

然而，如果着眼于非科学的文学作品，特别是美术作品时，情况就大相径庭了。在这里，禁欲主义就如同降落到“快活的老英格兰”身上的寒冷冰霜。而且不单是世俗的欢娱才能感受到它的冰冷。清教徒对一切沾染了迷信味道的事物，对一切寄希望于通过巫术或者圣礼获得救赎的余孽都恨入骨髓，而这种憎恶也波及了圣诞节庆、五朔节花柱庆典以及所有自发的宗教艺术。一种极好的又常常是粗犷的现实主义艺术能够在荷兰得以容身，恰恰证明了加尔文主义的神权政体在短暂地享有权威而随之被改造成为温和的国教后，加尔文主义显然丧失了它禁欲主义的影响力，而国家的威权主义道德准则又远远不能对抗宫廷和摄政者们（一个领取固定俸禄的阶级）的影响，更无法阻止资产阶级新贵们进行生活的享乐。

清教徒憎恶剧院，而且由于他们完全排斥性爱和裸体，因此在文学或者艺术中就不可能存有激进的观点。闲聊、奢侈品以及浮夸的卖弄，这些都被指称为是一种缺乏客观目标的非理性态度，而这种态度不是禁欲主义的，尤其不是服务于上帝的荣耀，而是服务于人们自己的目的。这种观念常常被用来支持严肃的实用主义，并以此反对任何富有艺术的倾向。这在个人修饰上，例如衣帽穿着方面体现得尤为突出。那种将生活整齐划一的强大倾向，在今天极大地加强了资本主义对于生产标准化的兴趣，而这一倾向正是从清教徒针对所有肉身崇拜的摒弃中找到了其理想的精神基础。

当然，我们不应该忘记的是，清教主义包含有一个矛盾的世界，其领袖人物显然要比保皇党人更为本能地意识到艺术那永恒的伟大性。而且，像伦勃朗那样独一无二的天才，即便他的行为在清教徒看来是不能被上帝所接受的，但是他身处的宗教环境却依旧极大地影响了他所创作作品的特点。但这并不能改变全部的图景。清教传统的发展可以并且在一定程度上确实引领了非常有效的人格精神化进程，就此而言，它的确对文学有益。然而这种益处多半要归功于后来的几代清教徒。

伦勃朗（Rembrandt Harmenszoon van Rijn，1606—1669），欧洲17世纪最伟大的画家之一，也是荷兰历史上最伟大的画家。

在这里，我们虽然不能就清教主义在所有这些方面的影响一一进行探讨，但是应当引起我们注意的一个事实是，对享受文化财富的容忍，虽然这种财富有助于增加纯粹的审美和运动乐趣，但它总会撞上一个特有的限制，那就是这种享受不能付出任何代价。人类不过是受托保管因上帝的恩典而降福于他的财富而已。他必须像寓言中的仆人那样，对委托给他的每一分钱都有所交代，那种为了自己的享乐而非出于服务上帝荣耀的任何花销，至少都是危险而有害的。即便是在今天，又有哪位明眼人未曾见过这一观点的代表呢？个人要对托付给他的财产履行保管义务，要将自己变成一个顺从的财产管理者，甚至变成一部供其获利的机器，这种观念给人们的生活带来了不寒而栗的负担。如果这种对待生活的禁欲主义态度经得起考验，那么财产越多，为了上帝的荣耀使这些财产保值，并且尽心竭力地使其升值的责任感就会越加沉重。这种生活方式的起源，如同资本主义精神的许多方面一样，都可以寻根到中世纪。但是，它首先是在禁欲主义的新教伦理中找到了与之相契合的伦理基础。这显然对资本主义的发展具有重要意义。

对于这种入世的新教禁欲主义，我们可以进行这样的概括，一方面，它强烈地反对任意享用财富并且对消费进行限制，尤其是奢侈品消费。另一方面，它又具有将财富的获取从传统伦理观的羁绊中解放出来的心理影响。在打碎禁锢获利冲动的镣铐的过程中，入世禁欲主义不仅使这种冲动合法化，更（就我们所讨论的意义而言）将其视作是上帝的直接意志。这场抵制肉体诱惑和贬斥依赖身外财物的运动，正如清教徒和贵格会的杰出辩护者巴克利所表述的那样，并不是针对理性获利的斗争，而是反对非理性使用财富的斗争。

然而这种非理性使用财富所指的是奢侈的外在形式，不论这种形式在封建王宫看来是多么理所应当，都被清教徒指责为肉身崇拜。另一方面，清教徒又认可理性而实用主义地利用财富，认为这是上帝的旨意，是出于满足个体和共同体的需求而进行的。他们并不想把禁欲苦修强加给富有的人，而是要求他们出于必需而务实的目的来使用自己的财富。一个典型的例子就是，清教徒对于舒适的概念限定了伦理允许的开支额度。因此，与这种观念相一致的生活方式，其发展顺理成章地最早也最为清晰地见诸那些潜心秉持这一生活态度的代表中间。与封建豪庭那种建立在腐朽的经济基础之上，只求污秽风雅而不要严谨简朴的浮华炫耀相反，清教徒把中产阶级那种家庭式的整洁殷实的舒适奉为理想典范。

在制造私人财富方面，禁欲主义谴责欺诈和肆意贪婪。这里谴责的贪得无厌和拜金主义等等，指的是为了富有而追求财富的行为。因为财富本身就是一种诱惑。然而，禁欲主义在此充当的却是“永远寻求善，但总是造成恶”的力量；这里的“恶”意指占有财富以及占有财富的诱惑。因为，为了与《旧约》相一致，并且与伦理对善行的评价相吻合，禁欲主义强烈谴责把追求财富作为其行为的目的本身；但是，如果这种财富的获得是在履行天职的劳动中结出的果实，那么它就成为上帝赐福的象征。更为重要的是：在一项世俗天职中不辞劳苦、锲而不舍地系统劳动，会赢得这样的宗教评价——它是践行禁欲主义最高级别的方法，同时也是获得新生和笃信天主最为确凿而显著的证明；对于我们称之为资本主义精神的生活态度而言，这种宗教评价对它的发展壮大必定起到了无与伦比的杠杆作用。

当消费的限制与获利活动的解禁相结合，一种不可避免的实际效应就会显现出来：凭借禁欲主义的强制节俭来实现资本的积累。施加在财富消费上的种种限制，使资本流向生产性投资成为可能，而这自然会有助于增加资本。但遗憾的是，我们无法通过确切的统计数据对这种影响的强烈程度加以佐证。不过，这种联系在新英格兰体现得极为明显，所以它从未逃出历史学家多伊尔的法眼。荷兰的情况同样如此，在这个严格的加尔文主义只统治了七年的国家中，越是严谨的宗教圈子，其生活方式就越是节俭，而这种节俭加上他们拥有的巨大财富，就导致了过度积累资本的癖好。

约翰·多伊尔（John Andrew Doyle，1844—1907），英国历史学家。

再者，显而易见的是，中产阶级财富的“贵族化”趋势始终存在于所有地方，而这种趋势在今天的德国尤为强烈，但是因为清教徒对封建生活方式的憎恶，这种趋势必然地受到了遏制。17世纪的英国重商主义作家将荷兰资本优于英国资本归结于环境因素，他们认为荷兰新获得的财富通常不会流向土地投资。与此同时，鉴于这不仅仅是个购买土地的问题，他们还认为荷兰资本没有力图使自己转变成为封建生活习惯的一部分，因此保留了其进行资本主义投资的可能性。农业作为生产生活中尤为重要的一环，同样有利于促进对宗教的虔诚，因此清教徒对其非常敬重，但是这种敬重（比如巴克斯特的例子）不适用于封建地主，而是适用于自耕农和农场主，其在 18 世纪也不是对于乡绅，而是对于理性的耕种者而言的。自 17 世纪以来，地主阶级（“快活的老英格兰”的代表）和拥有广泛多样影响的清教徒群体之间的斗争，就始终贯穿于整个英国社会之中。甚至在今天，那种没有变质的淳朴生活喜乐，以及严格规范又克己自律的传统伦理行为，这两种因素依然共同塑造着英国的国民性格。与之类似，贯穿于北美早期殖民历史的，是那些想要通过契约佣工的劳动关系建立种植园，并以此过上封建领主生活的投机商，与那些持有明确中产阶级立场的清教徒之间形成的强烈对比。

不论在何种情况下，就清教徒的立场所影响的范围而言，比起仅仅鼓励资本积累的作用，更为重要的意义在于，它有助于培育一种理性的资产阶级经济生活；在这种生活的发展过程中，清教徒的立场是最为重要的，并且始终发挥着重要的作用。正是它哺育和培养了现代的经济人。

诚然，清教徒们非常清楚，这些清教理想在面对财富诱惑招致的过度压力时，也会倾向于做出让步。这里有一个重要的规律，那就是最为虔诚的清教信徒大都来自从底层奋斗起家的阶级，即小资产阶级和农民，而反观那些蒙受天恩的人，甚至是一些贵格会信徒，他们却经常被发现有违背固有理想的倾向。同样的命运一遍又一遍地降临在入世禁欲主义的前身——中世纪的隐修禁欲主义身上。在后一种情况下，当理性的经济活动在严格的行为管控和消费限制下发挥了其全部的效能时，那些因此积累起来的财富要么直接向“贵族化”的方向堕落，正如宗教改革之前的情况一样，要么就会威胁导致隐修戒律的土崩瓦解，从而一再上演的宗教改革也就势在必行了。

事实上，隐修制度的全部历史在某种意义上说，就是与财富的世俗化影响不断斗争的历史。而清教的入世禁欲主义则是在更大的范围内进行了同样的斗争。发生在18世纪末英国工业扩张之前的循道宗大复兴，就完全可以比作是一场修道院的改革。因此，我们在这里可以引述约翰·卫斯理自己的一段话，这段话完全可以作为格言来概括我们以上所谈的内容。它表明这些禁欲主义运动的领导人，在当时就非常准确地理解了我们现在分析的这些看似充满悖论的关系，并且与我们的理解是一致的。他写道：

> 我所担心的是，不论哪里的财富有所增长，那里的宗教精髓就会以同样的比例减少。因此，就事物的本质而言，我看不出真正的宗教可以有任何持续长久的复兴。因为宗教必定产生勤勉和节俭，而这些又不可能不产生财富。但是随着财富的增长，自傲、愤怒和对现世的眷恋也会四散蔓延。那么，在这种情况下，循道宗，作为一种心灵的宗教，虽然它现在繁茂得像是一棵月桂树，但怎么才能使它继续保持现状呢？由于各地的循道

宗信徒都越发地勤勉和节俭，他们的财富也随之日增。所以，他们的自傲、愤怒、对肉体的渴望、对声色的欲望以及生命的活力都会成比例地增强。因此，尽管宗教的形式尚存，但是其中的精神却在迅速消逝。难道就没有办法来防止纯洁宗教的这种持续衰退吗？我们不应该阻止人们勤勉和节俭；**我们必须敦促所有的基督徒尽其所能去获取他们能获取的一切，并且节省他们能节省的一切；实际上，也就是敦促他们致富。**

随后是这样的忠告：那些获取了能获取的一切，并且节省了能节省的一切的人，也应该奉献他能奉献的一切，以便获得更多的恩典，并在天堂储备一份财富。很显然，此处卫斯理所表达的，哪怕是其中的细节，都恰恰是我们一直力图想要指出的。

正如卫斯理所言，那些伟大的宗教运动对于经济发展的重要意义，尤其在于其禁欲主义的教育影响，而这些运动所产生的全部经济效应，通常都只有在纯粹的宗教狂热退烧之后才得以显现。那时，追寻上帝之国的热忱渐渐地转变成为严谨的经济美德；而宗教的根基也被慢慢侵蚀殆尽，并被功利主义的世俗心取而代之。于是，正如道登所说，和《鲁宾逊漂流记》中的情景一样，那些附带从事传教活动的孤立经济人，取代了班扬笔下那个匆匆穿过名利场、在精神上追寻天国的孤独朝圣者。

最终，“对现世和彼岸世界等量齐观”的原则占据了统治地位，正像道登指出的那样，“问心无愧”只不过成了人们可以享受舒适的资产阶级生活的方法而已，这在德国那个关于“软枕头”的谚语中体现得非常准确。然而，17 世纪伟大的宗教时代留给其后继的功利主义的遗产，却首先是一种在获取钱财（只要这种获取是合法的）时令人吃惊的问心无愧，我们甚至可以称之为是法利赛人（Pharisees）的问心无愧。所有与“你们很难取悦上帝”这一教理相关的踪迹都已经化为乌有了。

爱德华·道登(Edward Dowden,1843—1913),爱尔兰评论家、作家和诗人。

而一种特别的资产阶级经济伦理已经发展成熟。资产阶级商人意识到他们领受着上帝完全的恩典，并且受到上帝切实可见的保佑。只要他们注意保持言行举止的正确得体，道德行为的无可挑剔，以及他们对财富的使用不会引起异议，那么他们就可以竭尽全力地去追求经济利益，并且将其视作是一种责任的履行。与此同时，宗教禁欲主义的力量还为这些资产阶级商人提供了严谨、尽责又极为勤勉的劳动工人，而这些人则将工作视为上帝安排给他们的人生目标。

最后，宗教禁欲主义还为资产阶级商人带来了一个令人欣慰的保证，那就是在现世中对财富的分配不均是源于神圣天意的特殊安排，这种分配上的差异如同每人享有不同的恩典一样，都是天意要达到的神秘目的，而这种目的是凡人无法理解的。加尔文本人有过一番常为后人引述的叙说：只有当民众（也即广大的劳动者和手工业者）穷困之时，他们才会保持对上帝的遵从。在荷兰（彼得·德拉库尔和其他人），这一叙说变成了一句俗话：大多数人只有在“迫不得已”的驱赶下才会选择劳动。这种对于资本主义经济主导观念的简明陈述，后来沿用到了流行的低工资生产力理论之中。在我们反复观察的这条发展脉络里，随着宗教根基的衰败，功利主义的解释悄然地渗透了进来。

中世纪的伦理观不仅可以容忍乞讨行为，而且实际上在托钵修会看来，乞讨还是值得赞美的。甚至对于世俗的乞丐来说，由于他们为有钱人提供了施济行善的机会，因此有时他们也被认为具有一种身份而加以款待。即便是在斯图亚特王朝时期，英国国教的社会伦理观对此也持有非常相近的态度。直到清教禁欲主义参与制定了严厉的《英国济贫法》，这种情况才从根本上被改变了。而情况之所以能有如此的改变，乃是因为在清教教派和清教徒团体内部，对于乞讨行为完全没有概念。

另一方面，从劳动工人的角度出发，虔信派的青岑多夫分支推崇这样一种忠诚的劳动者：他不求获取，只求谨遵使徒的方式生活，因而具有一种神赐的才能，一种信徒般的“超凡魅力”(*charisma*)。相似的观念最初在浸礼宗中，以一种甚至更为激进的形式广泛流行过。

几乎在所有宗教派别有关禁欲主义的文献中，都自然渗透着这样一种观念：忠诚的劳动最能取悦上帝，哪怕工资微薄，生活中也没有别的谋生机会。在这一点上，新教的禁欲主义并没有增添什么新意。但是，它不仅极为有力地强化巩固了这一观念，更创造了一种独一无二、具有决定性作用的力量，使这一观念的有效性得以保障，而这种力量实为一种心理认可，即认为忠诚的劳动是一种天职，是确认蒙受天恩最好的办法，而说到底往往是唯一的办法。另一方面，新教禁欲主义使得利用这种特殊的劳动意愿合法化，从而雇主的商业活动同样也被解释为是一种天职。唯有在认真履行天职义务的过程中才能专一地追寻上帝之国，以及教会戒律自然要将严格的禁欲主义施加在人们身上（特别是施加在那些没有财产的阶级身上），这些因素显然会对资本主义意义上的劳动生产率产生极为强大的影响。将劳动视为一项天职成为现代工人的一个典型特征，与之相应，对获取利益的同样态度也变成了商人的自身特征。威廉·配第爵士洞察到了这个在他那个年代属于新生事物的情况，因此他能够将17世纪荷兰强大的经济实力归因为这样的事实：那个国家为数众多的反对者（加尔文宗和浸礼宗的信徒）“大部分是勤于思考又严谨的人，他们坚信劳动和勤勉是他们对上帝应负的责任”。

威廉·劳德（William Laud，1573—1645），英国国教坎特伯雷大主教（全英教会的主教长），曾大肆迫害清教徒致使其逃往海外。

加尔文主义反对斯图亚特王朝时期英国国教中（特别是劳德主张的）那种具有财政垄断形式的有机社会组织，这种组织是以基督教社会伦理为基础，在教会和政府之间形成的带有垄断性质的联盟。加尔文宗的领导者们激烈地一致反对这种不仅享受政治特权,而且具有商业包出制性质和殖民性质的资本主义。与之相对,他们推崇一种凭借个人能力和首创精神,理性而合法地获取利益的个人主义动机。当享受政治特权的垄断行业在英格兰全面快速消失的时候,加尔文宗的这种态度在新兴产业的发展中扮演了重要而决定性的角色,而这些产业是在无视和反对政府权威的状况下发展壮大起来的。清教徒(普林、帕克)拒绝与那些具有大资本家性质的朝臣和规划者建立任何联系,并视其为一个在伦理上可疑的阶级。另一方面,清教徒对自己优越的中产阶级商业道德观引以为傲,而这恰恰构成了那些朝臣和规划者对其进行迫害的真正原因。笛福则建议通过抵制银行信贷和提取银行存款的办法,以反击那些针对清教徒的迫害。这两种类型的资本主义态度之间的差异,在很大程度上是与他们之间的宗教差异密切相关的。甚至到了 18 世纪,那些不信奉国教者的反对者还反复地嘲讽这些异己是小店主精神的化身,并且

普林(William Prynne, 1600—1669),英国律师、作家，著名的清教异见人士，曾激烈反对劳德大主教的宗教政策。

帕克(Henry Parker, 1604—1652),英国大律师、政治作家。

笛福(Daniel Defoe,1660—1731),英国小说家。

指责他们毁掉了“老英格兰”的种种理想。同样的差异也出现在清教徒的经济伦理观和犹太人的经济伦理观之间;并且当时的人(普林)已经准确地认识到,是前者而非后者的观念,才是资产阶级的资本主义伦理观。

基于天职观念的理性行为,正是现代资本主义精神乃至整个现代文化的基本要素之一,而这种理性行为乃是源自基督教的禁欲主义精神,这便是本文力争要论证的观点。读者只需重读一下本文开头时援引富兰克林的那段话,就可以发现那里被称作资本主义精神的态度,其基本要素与这里我们刚刚指出的清教入世禁欲主义的要旨如出一辙,区别仅仅是前者缺失了宗教基础,而这一基础在富兰克林的时代已经灰飞烟灭了。那种认为现代劳动具有一种禁欲主义特征的观点,自然不是什么新鲜观点。对劳动的专业化限定以及这种限定对浮士德式的人类共性的放弃,形成了一个在现代世界中有所成就的先决条件;因此在今天,专业化的劳动与人类共性的放弃,必然地成为了彼此的前提。如果中产阶级生活试图想成为一种生活方式,而不是仅仅忽视某些东西的话,那么它骨子里的禁欲主义特质就正是歌德在他处于智慧巅峰时期想要教导人们的,而这些教导写在他的《威廉·麦斯特的漫游时代》中,也体现在他为自己笔下的浮士德设计的结局中。对歌德来说,获得即意味着放弃,意味着告别追求完美人性的时代，而这样的时代已经不可能在我们的文化发展进程中再次重现了，如同古代雅典的文化之花不可能再次绽放一样。

歌德（Johann Wolfgang von Goethe，1749—1832），德国诗人、小说家、剧作家，西方文学巨匠，代表作是《浮士德》。

清教徒愿意在天职中劳作；而我们现代人只是被迫如此。因为当禁欲主义从修道院的密室中被引入到日常生活中，并且开始主宰世俗的道德观时，它便在庞大的现代经济秩序的体系建构过程中扮演了应有的角色。而这种秩序如今深受机器生产的技术条件和经济条件的制约，这些制约条件以无法抗拒的力量决定着降生于这一秩序机制中的每个人的生活方式，而不仅仅是那些与经济获利直接相关的人。或许，这种决定权会一直延续到人类烧光最后一吨煤的那一刻。在巴克斯特的观点中，对于身外财富的关注，只应如同是“披在圣徒肩膀上的一件轻薄斗篷一样，随时可以弃之一旁”。但是命运却注定了这个斗篷将成为一座铁的牢笼。

自从禁欲主义开始改造现世，并且在现世中贯彻它的理念，物质财富便获得了一种控制人生的力量，这是一种前所未见的力量，并且不断增强直至无法抗拒。今天，宗教禁欲主义的精神已经逃离了这一铁笼，但有谁知道这是否是最终的结局呢？然而获得全胜的资本主义不再需要禁欲主义的支持了，因为它已经为自己找到了新的根基——机器。而作为禁欲主义那喜笑颜开的接替者，启蒙运动脸上泛着的红晕似乎也无可挽回地黯淡下去,履行天职的责任观念如同幻灭的宗教信仰的幽灵一般,徘徊在我们的生活中。一旦天职的履行不能直接与最崇高的精神和文化价值观相联系,或者从另一方面讲,当它不再需要被感知,而仅仅变成了一种经济强制力时,那么在一般情况下,个人也就根本不会再去费力为其辩护了。在这种蜕变发展得最为彻底的美国,剥离了宗教和伦理意义的财富追逐,变得越发具有纯粹的世俗激情,而这往往就赋予了它体育竞技的特质。

没人知道下一个住进这个铁笼的会是谁,或者在这种巨大发展的尽头是否会出现一个全新的先知,抑或那些老旧的理想和观念是否会有一个伟大的新生,而如果这两者都不可能,那么是否会在骚动的妄自尊大中渲染出来一种机械式的麻木,我们同样不得而知。因为对于这种文化发展的终点,我们完全可以这样描述:"专家们失却了灵魂,纵情声色者丢掉了心肝;而这种空壳人还浮想着自己已经达到了一种史无前例的文明高度。"

但是这就会将我们带入价值判断和信仰判断的领域,而本书作为一项纯粹历史范畴内的论述并不需要背负这一重担。其下一项任务应该是揭示禁欲的理性主义的重要意义,而这一点在前文的描述中仅仅是略有涉及而已,这里我们所指的是其对实用的社会伦理观的内容,进而对种种社会群体的组织类型和功能类型所产生的重要影响(从非国教教徒的秘密集会到国家政权,都属于这里所说的社会群体)。在此之后,是论述这种禁欲的理性主义与人道的理性主义之间的关系，及其有关生命的理想和文化影响；接下来，则是分析禁欲的理性主义与哲学的和科学的经验主义的发展、与技术的发展和与精神理想之间的关系。更进一步，便是这种理性主义从中世纪的入世禁欲主义开端直到它消融进纯粹的功利主义的历史发展进程，而这必须要从禁欲主义宗教的所有领域中寻踪觅迹。唯有到那时，才能对禁欲主义新教（在与现代文化的其他构成因素的关系中）的文化意义加以估量。

这里，我们仅仅是试图寻找禁欲主义新教对人们的行为动机施加影响的事实和方向，并将其归纳为一点，不过这也是非常重要的一点。除此之外，我们还有必要研究整个社会条件，特别是经济条件是如何反过来对新教禁欲主义的发展和性质产生影响的。一般情况下，即使现代人怀揣最好的愿望，他们也不可能认识到宗教观念曾经对文化和民族性格所具有的重要意义。然而，我的目的当然不是对文化和历史进行一种片面的唯心主义的因果解释，以此取代另一种同样片面的唯物主义的因果解释。这两种解释都具有相同的可行性，但是不论哪一种解释，如果它没能被用在一项研究的准备工作中，而是被当成研究的结论，那么它也就无助于揭示历史的真相了。